国家社科基金项目（项目编号：14CJL031，17XMZ029，18BGL006，18CJY005）
重庆社科规划项目青年项目（项目编号：2019QNGL20）
国家民委民族研究项目（项目编号：2019-GMC-038）
教育部基地项目（项目编号：18JJD790017，18JJD790018，16SKJD31）
教育部人文社科研究项目（项目编号：20YJC880065）
重庆市教委哲学社会科学重大理论研究阐释专项课题重大攻关项目（项目编号：19SKZDZX06）
重庆社科规划培育项目（项目编号：2019PY35）

三峡库区农村移民可持续生计研究

STUDY ON SUSTAINABLE LIVELIHOOD OF RURAL IMMIGRANTS IN THREE GORGES RESERVOIR AREA

胡江霞 文传浩 著

经济管理出版社
ECONOMY & MANAGEMENT PUBLISHING HOUSE

图书在版编目（CIP）数据

三峡库区农村移民可持续生计研究／胡江霞，文传浩著 . —北京：经济管理出版社，2020.6

ISBN 978-7-5096-7227-3

Ⅰ.①三… Ⅱ.①胡… ②文… Ⅲ.①三峡水利工程—移民安置—研究 Ⅳ.①D632.4

中国版本图书馆 CIP 数据核字（2020）第 108676 号

组稿编辑：王格格
责任编辑：王格格　詹　静
责任印制：黄章平
责任校对：赵天宇

出版发行：经济管理出版社
　　　　　（北京市海淀区北蜂窝 8 号中雅大厦 A 座 11 层　100038）
网　　址：www.E-mp.com.cn
电　　话：（010）51915602
印　　刷：三河市延风印装有限公司
经　　销：新华书店
开　　本：720mm×1000mm /16
印　　张：11.75
字　　数：193 千字
版　　次：2020 年 7 月第 1 版　2020 年 7 月第 1 次印刷
书　　号：ISBN 978-7-5096-7227-3
定　　价：69.00 元

·版权所有　翻印必究·

凡购本社图书，如有印装错误，由本社读者服务部负责调换。
联系地址：北京阜外月坛北小街 2 号
电话：（010）68022974　邮编：100836

前　言

三峡库区移民规模总量大，涉及范围广，时间跨度长，安置难度大；三峡库区还是连片的国家级贫困区，人多地少的基础性矛盾十分突出。这些问题使如何妥善安置好百万移民，成为三峡工程建设的重点和难点。经过17年的艰苦努力，在维护移民合法权益和保护生态环境的前提下，顺利完成了129.64万移民的搬迁安置，从而保证了三峡工程巨大综合效益的如期发挥。三峡工程成败的关键在移民，而移民的重点在农村移民。通过调研发现，三峡库区部分农村移民面临着失业、再贫困，生计发展能力不足，生计不可持续等问题。农村移民可持续生计问题若解决不好，可能会带来一些负面影响：一方面，农村移民可持续生计问题会越变越大，矛盾会越积越深，民怨会越来越大，其会成为诱发三峡库区不稳定的重要隐患，这将不利于库区的和谐稳定；另一方面，农村移民可持续生计问题若解决不好，会影响下一代的发展，造成贫困的代际转移。因此，研究农村移民可持续生计问题显得尤为重要，学术界需要对三峡库区农村移民可持续生计问题进行深入剖析，进一步挖掘影响农村移民可持续生计的因素，以及探讨不同生计类型的农村移民可持续发展路径，这样才能为农村移民脱贫致富找到科学决策的着力点。

本书以三峡库区农村移民为研究样本，围绕"农村移民如何实现可持续生计"这一基本命题，逐层深入地探究了以下六个逻辑紧密相关的问题：①探讨三峡库区不同个体特征的农村移民生计现状；②探讨生计资本、生计风险管理对农村移民可持续生计的影响机制；③探讨不同类型的生计资本对农村移民的生计风险管理的影响机制；④探讨生计风险管理在生计资本与农村移民可持续生计之间的中介作用；⑤探讨制度环境在生计资本与农村移民可持续生计之间的调节作用；⑥探讨在脆弱的环境下，不同生计类型的农村移民可持续生计发展的有效路径。

在以往相关文献以及访谈研究结果的基础上，本书编制三峡库区农村移民可持续生计状况的调查问卷，并通过预调研、修订，最终形成正式问卷。本书利用这些样本数据，围绕以下三个方面进行数据分析：第一，本书利用三峡库区农村移民的调研数据，探讨了三峡库区农村移民生计现状，主要包括农村移民就业现状、社会保障现状、生计资本现状、生计风险管理现状、可持续生计水平现状等方面。第二，分析了影响农村移民可持续生计发展的因素。本书使用 AMOS17.0 软件，建立了结构方程模型，验证了农村移民生计资本、生计风险管理、制度环境对农村移民可持续生计的影响，生计资本对生计风险管理的影响，同时验证了生计风险管理的中介效应作用以及制度环境的调节作用。第三，在前文研究基础之上，基于农村移民的四种生计类型（打工类型、务农类型、创业类型、多样化生计类型）的现状，本书进一步探讨基于生计风险管理的三峡库区农村移民可持续生计发展路径问题。通过上述研究工作，研究结果表明：

（1）三峡库区农村移民整体生计水平不高，多样化生计类型成为促进农村移民可持续生计的重要路径，不同个体特征的农村移民生计现状还存在一定差异。

本书利用三峡库区 320 户农村移民以及 320 户城镇移民的调研数据，采用对比分析法、方差分析法、卡方检验等方法，对农村移民的生计现状进行了评价。结果表明：①农村移民以打工和务农为主，在 320 户农村移民中，分别占总数的 31.6%、28.8%；创业类型的农村移民次之，占总数的 23.4%；多样化生计类型最小，占总数的 16.2%。这说明农村移民以打工和务农为主，生计发展呈现出多样化趋势。②通过 320 户农村移民以及 320 户城镇移民调研数据的对比分析结果可知，农村移民购买养老保险的比重约为 54.4%，购买医疗保险的比重约为 86.6%，享受低保的农村移民的比重约为 12.5%。城镇移民购买养老保险的比重约为 76.9%，购买医疗保险的比重约为 90.3%，享受低保的农村移民的比重约为 20%。这表明三峡库区农村移民的养老和医疗保险参保率还不太高，且低于城镇移民，部分农村移民可能会面临着老无所养和疾病治疗缺失的风险。③农村移民人力资本水平、金融资本水平、物质资本水平均低于城镇移民，但是社会资本水平高于城镇移民。不同性别的农村移民的人力资本、物质资本存在显著性差异，男性农村移民的人力资本、物质资本水平高于女性移民，但是不同年龄段、不同婚姻状况的农村移民的生计资本不同维度存在一定差异。不同生计类型的农村移民的人力资本、物质资本、社会资本、自然资本水平、金融资本水平却存在较大差异。④农村移民整体生计风险管理水平高于城镇移民，但是总体生计风险管理水平偏低。不同性别、不同年龄段、不同婚姻状况的农村移民整体生计风险管理水平存在显著性差异，其中男性农村移民的生计风险管理水平略高于女性农村移民，50岁以上农村移民的生计风险识别能力较强，30岁以下农村移民的生计风险识别能力较差；不同生计类型农村移民生计风险管理水平存在显著性差异，其中创业类型的农村移民生计风险管理水平最高，打工类型农村移民生计风险管理水平最低。⑤农村移民的可持续生计水平各个测量指标的均值处在3.3~4.2，城镇移民可持续生计各个测量指标的均值处在3.5~4.3，这说明农村移民可持续生计水平不太高，且低于城镇移民的可持续生计水平；不同婚姻状况、不同性别的农村移民的可持续生计水平不具有显著性差异；但是，不同年龄段、不同搬迁时间的农村移民的可持续生计水平存在一定差异，其中30岁以下农村移民的可持续生计水平最高，50岁以上的农村移民可持续生计水平较低。搬迁时间为20年以上的农村移民的可持续生计水平较高，搬迁时间为1~6年的农村移民的可持续生计水平较低。

（2）生计风险管理在生计资本与农村移民可持续生计之间产生中介作用，制度环境在生计资本与农村移民可持续生计之间产生调节作用。

本书采用三峡库区320户农村移民的调研数据，运用AMOS软件建立结构方程模型。结果表明：①生计资本与农村移民可持续生计的标准化路径系数为0.772，P值为0.000，达到显著性水平，这表明生计资本对农村移民可持续生计具有显著的正向影响。②生计风险管理与农村移民可持续生计的标准化路径系数为0.782，P值为0.000，达到显著性水平，这表明生计风险管理对农村移民可持续生计具有显著的正向影响。③生计资本与农村移民生计风险管理的标准化路径系数为0.737，P值为0.000，达到显著性水平，这表明生计资本对农村移民生计风险管理具有显著的正向影响。这表明生计风险管理在生计资本与农村移民可持续生计之间产生显著的中介作用，也就是说生计资本对农村移民可持续生计产生影响是通过中介变量生计风险管理来实现的。因此，为了实现农村移民的可持续生计，需要重视生计风险管理的作用。④制度环境对农村移民可持续生计产生显著的正向影响（$\beta=0.199$，$p<0.001$），加入调节变量制度环境之后，制度环境在人力资本、物质资本与农村移民可持续生计之间产生正向调节作用，即好的制度环境会强化人力资本、物质资本对农村移民可持续生计的

影响（β=0.040，p<0.10；β=0.062，p<0.10）。

（3）三峡库区农村移民可持续生计路径：建立基于生计风险管理的差异化的生计资本培育模式。

本书基于三峡库区农村移民的四种生计类型（打工类型、务农类型、创业类型、多样化类型）的生计现状，利用三峡库区320户农村移民的调研数据，探讨了农村移民可持续生计发展的路径，结果显示：①对于打工类型的农村移民而言，建议采取"人力资本+社会资本"的培育模式；②对于务农类型的农村移民而言，建议采取"人力资本+社会资本"的培育模式；③对于创业类型的农村移民而言，建议采取"人力资本+金融资本+物质资本"的培育模式；④对于多样化类型的农村移民而言，建议采取"人力资本+社会资本"的培育模式，这样才能降低农村移民的生计风险，促进他们的可持续生计发展。

为了完成本书，我们做了大量的基础性研究工作，在查询了大量文献资料的基础上到三峡库区22个区县进行实地考察和访问，收集了数百万字的文字资料。为了完成实证分析，我们联系三峡库区各区县的移民管理部门，对农村移民生计现状进行了深度调研，收集了一手的调研资料，为本书奠定了坚实基础。我们在教学和科研任务十分繁重的情况之下，怀着对科学研究的热情，凭着对三峡库区移民安稳致富尽一份力的执着精神，辛勤劳作，先后用了近三年时间，方完成了《三峡库区农村移民可持续生计研究》一书。若本书的出版能为三峡库区移民安稳致富有些许帮助，我们备感欣慰。

《三峡库区农村移民可持续生计研究》一书的撰写分工如下：由胡江霞（长江师范学院副教授、博士）负责全书的总体构架和内容策划，设计编写体例，安排章节目录，并具体担任前言、第四章至第七章的撰写工作，文传浩（重庆工商大学财政金融学院教授、博士生导师）负责全书的第一章至第三章的撰写工作。

本书在出版过程中，得到了长江师范学院财经学院、武陵山片区绿色发展协同创新中心、乌江流域经济文化研究中心、科技处、重庆工商大学长江上游经济研究中心的领导和工作人员的关心和支持，在此表示深深感谢！本书的出版还得到了长江师范学院财经学院应用经济学科的经费支持、经济管理出版社以及长江师范学院一流专业（财务管理）培育项目的大力支持，在此表示诚挚的感谢！此外，在本书的撰写过程中，吸收了国内外相关研究领域专家学者的相关研究成果,受到了其极大启发,对此在本书中均有注明,在此对这些学者表示深深感谢!在此,谨向关心支持和帮助过我们的同志、朋友表示衷心感谢!

由于笔者水平有限,加之本书涉及三峡库区移民生计的诸多方面,信息容量很大,资料收集难度较大,书中难免有不妥之处,欢迎各位读者批评指正。

胡江霞
2019 年 3 月

目 录

第一章 绪论 /1

第一节 研究背景 /1
　　一、农村移民：三峡库区独特地理单元的特殊人口群体 /1
　　二、部分农村移民生计困难：移民安稳致富中的重要问题 /2
　　三、研究三峡库区农村移民可持续生计问题：意义深远 /3
第二节 问题提出 /5
第三节 研究意义 /8
　　一、理论意义 /8
　　二、实践意义 /8
第四节 研究内容及方法 /9
　　一、研究内容 /9
　　二、研究方法 /11
第五节 研究框架 /12
第六节 本书的创新点 /14

第二章 文献综述与相关理论探讨 /16

第一节 相关文献综述 /16
　　一、移民的相关研究 /16
　　二、可持续生计的相关研究 /18
　　三、生计风险管理的相关研究 /23
　　四、生计资本的相关研究 /27
　　五、简评 /29
第二节 本书的相关理论基础 /31
　　一、可持续生计理论 /31

二、资源配置理论 /34
三、资产建设理论 /35
四、风险管理理论 /36

本章小结 /37

第三章 研究设计 /38

第一节 研究模型的构建 /38
一、结构方程模型的介绍 /38
二、中介效应模型 /39
三、调节效应模型 /41

第二节 变量选择及测量 /42
一、可持续生计变量的测量 /42
二、生计资本变量的测量 /43
三、生计风险管理变量测量 /47
四、制度环境变量测量 /49

第三节 数据来源 /50
一、样本选择 /50
二、数据收集方法 /50
三、样本量的确定 /51

第四节 问卷设计 /51

第五节 问卷的信度和效度分析 /52
一、正式问卷的信度分析 /52
二、正式问卷的效度分析 /53

本章小结 /58

第四章 三峡库区农村移民生计现状评价 /59

第一节 三峡库区农村移民搬迁安置情况 /60
一、农村移民安置方式 /60
二、农村移民安置实施情况 /61
三、三峡库区农村移民安置的特点 /64

第二节 三峡库区农村移民就业现状评价 /67

第三节 三峡库区农村移民社会保障现状评价 /68

第四节 三峡库区农村移民生计资本现状评价 /69
    一、农村移民生计资本总体情况 /69
    二、不同个体特征农村移民生计资本现状评价 /71
    三、不同生计类型农村移民生计资本现状评价 /75
第五节 三峡库区农村移民生计风险管理现状评价 /77
    一、农村移民生计风险管理总体情况 /77
    二、不同个体特征农村移民生计风险管理现状评价 /78
    三、不同生计类型农村移民生计风险管理现状评价 /81
第六节 三峡库区农村移民可持续生计发展现状评价 /83
    一、农村移民总体可持续生计水平评价 /83
    二、不同个体特征的农村移民可持续生计水平评价 /84
    三、不同生计类型的农村移民可持续生计水平的比较分析 /86
本章小结 /86

第五章 三峡库区农村移民可持续生计影响因素分析 /89

第一节 理论分析与研究假设 /90
    一、农村移民生计资本与可持续生计的关系假设 /90
    二、农村移民生计资本与生计风险管理的关系假设 /94
    三、农村移民生计风险管理与可持续生计的关系假设 /97
    四、农村移民生计风险管理在生计资本与可持续生计之间的中介作用假设 /100
    五、制度环境在生计资本与农村移民可持续生计之间的调节作用假设 /101
第二节 研究假设的汇总 /102
第三节 农村移民生计资本对可持续生计的影响分析 /103
    一、农村移民整体生计资本对可持续生计的影响分析 /103
    二、生计资本不同维度对农村移民可持续生计的影响分析 /104
第四节 农村移民生计资本对生计风险管理的影响分析 /107
    一、农村移民生计资本整体对生计风险管理的影响分析 /107
    二、农村移民生计资本不同维度对生计风险管理的影响分析 /109
第五节 生计风险管理对农村移民可持续生计的影响分析 /111
    一、生计风险管理整体对农村移民可持续生计的影响分析 /111

二、生计风险管理不同维度对农村移民可持续生计的影响分析　/112

　第六节　农村移民生计风险管理的中介作用　/114

　　一、农村移民生计风险管理的整体中介作用　/114

　　二、生计风险管理不同维度的中介作用　/117

　第七节　制度环境的调节作用　/123

　本章小结　/124

第六章　三峡库区农村移民可持续生计发展路径研究　/126

　第一节　不同生计类型农村移民的可持续生计发展影响因素分析　/127

　　一、打工类型农村移民可持续生计的影响因素分析　/127

　　二、务农类型农村移民可持续生计的影响因素分析　/129

　　三、创业类型农村移民可持续生计的影响因素分析　/130

　　四、多样化类型农村移民可持续生计的影响因素分析　/131

　第二节　基于生计风险管理的农村移民可持续生计发展路径　/133

　　一、打工类型的农村移民：建立基于生计风险管理的"人力资本+社会资本"的培育模式　/134

　　二、务农类型的农村移民：建立基于生计风险管理的"人力资本+社会资本"的培育模式　/136

　　三、创业类型的农村移民：建立基于生计风险管理的"人力资本+金融资本+物质资本"的培育模式　/137

　　四、多样化类型的农村移民：建立基于生计风险管理的"人力资本+社会资本"的培育模式　/139

　本章小结　/140

第七章　研究结论及展望　/141

　第一节　研究结论　/141

　　一、三峡库区农村移民生计现状评价　/141

　　二、农村移民可持续生计的影响因素　/145

　　三、农村移民可持续生计发展路径　/148

　第二节　政策启示　/150

　　一、帮助农村移民进行生计模式选择，提高他们的生计决策能

力 /150
　　二、建立生计地图,制定差异化的福利政策 /150
　　三、建立基于生计风险管理差异化的生计资本培育模式 /151
　　四、加强农村移民生计风险管理 /152
　　五、创设良好的制度环境 /155
　第三节　研究不足与研究展望 /156
　　一、研究不足 /156
　　二、研究展望 /158

参考文献 /160

附录　三峡库区移民可持续生计状况的调查问卷 /173

图表目录

图目录

图 1-1　本书的研究背景　/4
图 1-2　本书提出的研究问题　/5
图 1-3　研究内容　/10
图 1-4　研究框架　/13
图 2-1　移民的分类　/17
图 2-2　生计风险管理的内容　/25
图 2-3　三种可持续分析框架提出的生计资本的概念　/28
图 2-4　可持续生计理论框架　/32
图 3-1　回归方程的模型　/40
图 3-2　生计风险管理的中介效应模型　/41
图 3-3　研究模型　/42
图 5-1　生计资本与农村移民可持续生计的关系模型　/105
图 5-2　生计资本不同维度与农村移民可持续生计的关系路径　/106
图 5-3　农村移民生计资本与生计风险管理的关系路径　/108
图 5-4　农村移民生计资本不同维度与生计风险管理的关系路径　/110
图 5-5　生计风险管理与农村移民可持续生计的关系路径　/112
图 5-6　生计风险管理不同维度与农村移民可持续生计的关系路径　/114
图 5-7　生计资本、生计风险管理与农村移民可持续生计的关系路径　/116
图 5-8　生计资本各维度、生计风险识别与农村移民可持续生计的关系路径　/118

图 5-9　生计资本各维度、生计风险评估与农村移民可持续生计的关系路径　/120

图 5-10　生计资本各维度、生计风险治理与农村移民可持续生计的关系路径　/122

图 6-1　基于生计风险管理的农村移民可持续生计发展路径　/134

表目录

表 2-1　可持续生计定义的汇总　/19

表 2-2　风险管理的定义汇总　/24

表 3-1　结构方程模型适配度的评价指标及标准　/39

表 3-2　可持续生计的测量　/43

表 3-3　生计资本的测量　/45

表 3-4　生计风险管理的测量　/48

表 3-5　制度环境的测量　/49

表 3-6　整体量表的信度分析结果　/53

表 3-7　生计资本的验证性因子分析模型的拟合指标　/54

表 3-8　生计资本各个变量间系数估计情况　/54

表 3-9　生计风险管理的验证性因子分析模型的拟合指标　/56

表 3-10　生计风险管理各个变量间系数估计情况　/56

表 3-11　制度环境的验证性因子分析模型的拟合指标　/57

表 3-12　制度环境各个变量间系数估计情况　/57

表 3-13　可持续生计的验证性因子分析模型的拟合指标　/57

表 3-14　可持续生计各个变量间系数估计情况　/58

表 4-1　三峡库区移民从事的生计类型　/67

表 4-2　三峡库区移民的收入水平　/68

表 4-3　移民社会保障情况　/69

表 4-4　生计资本的描述性统计　/70

表 4-5　不同性别农村移民的生计资本情况的比较分析　/71

表 4-6　不同年龄段农村移民的生计资本情况的比较分析　/72

表 4-7 不同婚姻状况农村移民的生计资本情况的比较分析 /73
表 4-8 不同生计类型的农村移民在生计资本情况的比较分析 /76
表 4-9 移民生计风险管理的描述性统计 /78
表 4-10 不同性别农村移民的生计风险管理情况的比较分析 /79
表 4-11 不同年龄段农村移民在生计风险管理情况的比较分析 /80
表 4-12 不同婚姻状况的农村移民在生计风险管理情况的比较分析 /81
表 4-13 不同生计类型的农村移民在生计风险管理情况的比较分析 /82
表 4-14 移民可持续生计的描述性统计 /83
表 4-15 不同性别农村移民的可持续生计水平的比较分析 /84
表 4-16 不同年龄的农村移民可持续生计水平的比较分析 /84
表 4-17 不同婚姻状况的农村移民的可持续生计水平的比较分析 /85
表 4-18 不同搬迁时间的农村移民可持续生计水平的比较分析 /85
表 4-19 不同生计类型的农村移民可持续生计水平的比较分析 /86
表 5-1 研究假设的汇总 /102
表 5-2 生计资本与农村移民可持续生计关系模型的拟合指标 /104
表 5-3 生计资本与农村移民可持续生计关系模型的标准化系数估计值 /104
表 5-4 生计资本不同维度与农村移民可持续生计关系模型的拟合指标 /105
表 5-5 生计资本不同维度与农村移民可持续生计关系模型的标准化系数估计值 /105
表 5-6 农村移民生计资本与生计风险管理关系模型的拟合指标 /107
表 5-7 农村移民生计资本与生计风险管理关系模型的标准化系数估计值 /107
表 5-8 农村移民生计资本不同维度与生计风险管理关系模型的拟合指标 /109
表 5-9 农村移民生计资本不同维度与生计风险管理关系模型的标准化系数估计值 /109
表 5-10 生计风险管理与农村移民可持续生计关系模型的拟合指标 /111
表 5-11 生计风险管理与农村移民可持续生计影响关系模型的标准化系数估计值 /111
表 5-12 生计风险管理不同维度与农村移民可持续生计关系模型的拟

合指标　/113

表5-13　生计风险管理不同维度与农村移民可持续生计的影响关系模型的标准化系数估计值　/113

表5-14　生计资本、生计风险管理与农村移民持续生计之间关系模型的拟合指标　/115

表5-15　生计资本、生计风险管理与农村移民持续生计之间关系模型的标准化系数估计值　/115

表5-16　生计资本、生计风险识别与农村移民可持续生计影响关系模型的拟合指标　/117

表5-17　生计资本、生计风险识别与农村移民可持续生计关系模型标准化系数估计值　/117

表5-18　生计资本、生计风险评估与农村移民可持续生计影响关系模型的拟合指标　/119

表5-19　生计资本、生计风险评估与农村移民可持续生计影响关系模型标准化系数估计值　/119

表5-20　生计资本、生计风险治理与农村移民可持续生计影响关系模型的拟合指标　/121

表5-21　生计资本、生计风险治理与农村移民可持续生计影响关系模型标准化系数估计值　/121

表5-22　制度环境在生计资本与农村移民可持续生计之间的调节作用检验　/123

表5-23　研究假设的验证结果总结　/125

表6-1　打工类型农村移民可持续生计的影响因素分析　/128

表6-2　务农类型农村移民可持续生计的影响因素分析　/129

表6-3　创业类型农村移民可持续生计的影响因素分析　/131

表6-4　多样化类型农村移民可持续生计的影响因素分析　/132

第一章 绪 论

本章首先阐述了本书的研究背景以及提出了本书的研究问题和研究意义；其次，阐述了本书的研究内容、研究方法、技术路线；最后，对本书的内容安排以及可能的创新点等方面进行了详细说明。

第一节 研究背景

一、农村移民：三峡库区独特地理单元的特殊人口群体

三峡库区在中国地理版图上是一个独特的地理单元，其独特性主要体现在以下三个方面：一是三峡库区是中国最大的战略性淡水资源库，是长江上游核心生态屏障区之一，是中国西南喀斯特典型生态脆弱区域之一，也是受三峡工程直接影响的生态敏感区域。二是三峡库区属于全国18个集中连片贫困地区之一，22个区县中有10个国家级贫困区县，财政自给率低，入不敷出，赤字严重。[①] 三是三峡库区是"移民社会"。举世著名的三峡工程的修建，产生了约130万移民，其中农村移民55.07万。[②] 因此说三峡库区是"移民社会"毫不夸张（黄勇，2011）。三峡库区移民贫困面大，贫困程度深。部分移民搬迁后面临着失业、再贫困，抗风险能力较弱，生计发展能力不足等问题。基于以上分析，可知三峡库区是一个生态

---

① 2016年，国务院扶贫开发领导小组办公室公布了全国592个国家级贫困县名单，包括三峡库区的10个区县，具体包括：巴东县、万州区、丰都县、武隆县、开县、云阳县、奉节县、巫山县、巫溪县、石柱县。

② 国务院三峡办移民安置规划司的《三峡工程总结性研究系列成果》的内部资料。

脆弱地区、国家连片贫困地区、拥有百万移民的独特地理单元。

农村移民是三峡库区独特地理单元的特殊人口群体，具体体现在以下四个方面：①三峡移民是典型的工程性移民，又称非自愿性移民。"它是由于国家，社区政府或者工程业主单位兴建某种工程而征用土地、房屋或其他土地附着物，使这些被征用土地和财产的所有者被迫进行迁移的一种人口流动方式"（王贵心，2005）。②三峡库区农村移民规模总量大，在近130万移民中，农村移民有55.07万①，占移民总数的42.4%。③三峡库区农村移民搬迁时间跨度大，安置方式多，是迄今为止世界工程移民史上所罕见的。三峡库区农村移民搬迁时间总共持续了24年，跨越了几代人。此外，三峡库区农村移民的安置方式主要采取本地安置与异地安置、后靠安置与外迁安置、集中安置与分散安置、政府安置与移民自找门路安置等多种安置方式。④移民问题堪称"世界级难题"。由于三峡库区农村移民涉及范围广、搬迁人口多、安置难度大、持续时间长，使移民问题成为三峡工程建设的重点和难点，乃至成败的关键，堪称"世界级难题"。三峡工程成败的关键在移民，而移民工作的重点在农村移民。

二、部分农村移民生计困难：移民安稳致富中的重要问题

《国务院关于完善大中型水库移民后期扶持政策的意见》（国发〔2006〕17号）指出后期扶持范围为大中型水库的农村移民，水电库区要继续按照开发性移民的方针，要逐步建立促进库区经济发展、水库移民增收、生态环境改善、农村社会稳定的长效机制，使水库移民共享改革发展的成果，实现库区和移民安置区经济社会可持续发展。这说明国家非常关心农村移民的可持续生计问题。自移民搬迁以来，国家出台了大量政策，如制定改善民生的政策、妥善安置百万移民、加强公共服务设施建设、建立完善的社会保障制度、加强生态环境的保护等。国家出台的这些政策，大大地改善了农村移民的生产生活条件，促进了他们的安稳致富。国家制定的一系列促进移民生计发展的政策，最终目的并不只是恢复，而是让移民重新建立生产力，提高他们的生活水平，实现可持续的生计（王贵心，

---

① 国务院三峡办移民安置规划司的《三峡工程总结性研究系列成果》的内部资料。

2005)。据调研①，目前三峡库区处于移民搬迁到移民安稳致富的转型时期，很多农村移民的生计发展面临很大挑战，具体表现在以下四个方面：

第一，诸多的生计风险。风险与不确定性时时处处伴随着人们的日常生活。天灾人祸时时处处威胁着小农户的生产与生活（Fafchamps, 2003），对于贫困的农村移民尤其如此。移民搬迁后，生计风险时刻伴随着农村移民家庭的整个生命周期。部分农村移民可能会面临着失业、边缘化、发病、丧失食物保障等生计风险（迈克尔·M. 塞尼，1998）。第二，恶劣的自然条件。三峡库区土地资源较为贫乏，农村移民现有耕地多以坡耕地为主，多数土质贫瘠，缺水缺肥，抗灾能力弱，农作物产量低；此外，三峡库区生态环境比较脆弱，是水土流失的重灾区。第三，农村移民素质普遍较低。三峡库区农村移民的文化水平普遍较低，农村移民主要通过从事农业生产、外出务工、就近做零工等途径转移就业。外出务工无疑是农村移民最主要的就业途径，然而，由于库区产业空虚，农村移民普遍文化水平低，技能单一，自身综合素质不高，随着市场对劳动力技能和综合素质的要求越来越高，农村移民外出务工就业空间受到进一步制约，导致大量农村移民工作难找，就业无门。部分兼业及自谋职业安置的农村移民无职可兼、无业可谋，收入来源不稳定，生计状况令人担忧。第四，农村移民对政府依赖心理较重。三峡库区农村移民属于非自愿移民，他们觉得自己为国家的工程建设做出了巨大贡献，普遍存在着"等、靠、要"的依赖心理和"特殊公民"的意识。以上原因导致三峡库区部分农村移民面临着失业、再贫困，生计发展能力不足等问题，这已经成为移民安稳致富中的重要问题。

从以上分析可知，三峡库区农村移民这一特殊群体已经成为三峡库区经济社会发展中出现的弱势群体，农村移民的生计问题已经成为三峡库区移民安稳致富的重要问题。因此，学术界需要进一步探讨农村移民的可持续生计问题。

三、研究三峡库区农村移民可持续生计问题：意义深远

农村移民在后续发展过程中，恶劣的自然条件、诸多的生计风险、加

---

① 2013~2017 年，笔者多次赴三峡库区调研。

之农村移民自身素质较低等影响因素的制约，使部分农村移民有可能长期徘徊在贫困的边缘，无法融入安置地的社会生活，这种状况可能会带来很多负面影响：第一，农村移民在生产生活中存在着诸多生计风险，如果不采取相应措施规避风险，这些可能的风险就会给农村移民造成真正的伤害，使他们变得越来越穷（施国庆等，2001；陈绍军等，2014）。第二，移民无小事，农村移民可持续生计问题若解决不好，问题会越变越大，矛盾越积越深，民怨会越来越大，使其成为诱发三峡库区不稳定的安全隐患，这将不利于库区的和谐稳定。第三，农村移民普遍文化素质低，经济上较为贫困。经济贫困会影响着下一代的发展，造成贫困的代际转移。农村移民的可持续生计问题若解决得不好，就可能产生"马太效应"，可能会导致农村移民被边缘化的危险（见图1-1）。农村移民可持续生计问题已经成为促进三峡库区移民安稳致富的一个重大问题。因此，学术界需要对三峡库区农村移民可持续生计问题进行深入剖析，进一步挖掘影响农村移民可持续生计的因素，探讨不同生计类型农村移民的可持续发展路径，进而为农村移民脱贫找到科学决策的着力点，为政府制定科学合理的移民管理政策提供理论支撑以及借鉴参考。

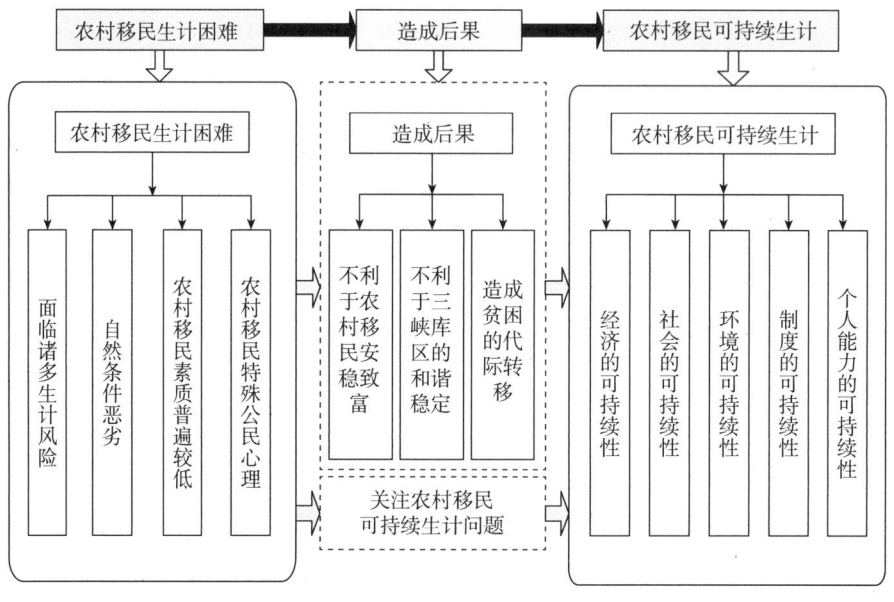

图1-1 本书的研究背景

第二节 问题提出

基于前文阐述的背景,农村移民在后续发展过程中,面临着恶劣的自然条件、诸多的生计风险。在这种复杂的背景之下,农村移民只有不断加强生计风险管理,对自身的生计资本进行优化组合,才能促进可持续生计的发展。本书旨在从生计资本、生计风险管理、制度环境等维度探讨促进三峡库区农村移民可持续生计发展的路径。本书重点思考以下六个问题(见图1-2):

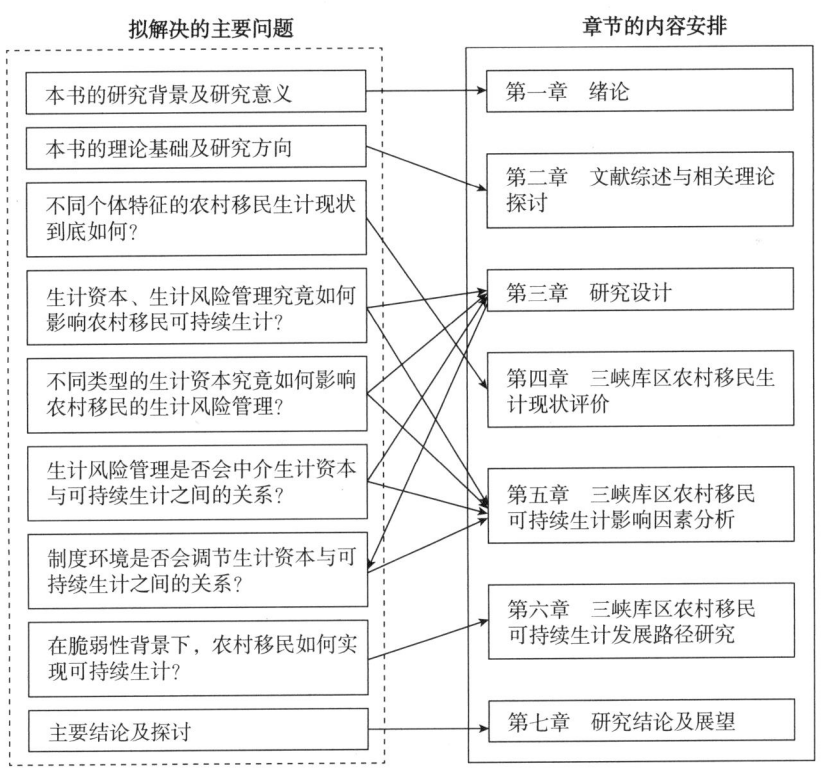

图 1-2 本书提出的研究问题

（1）三峡库区不同个体特征的农村移民生计现状到底如何？由于三峡库区农村移民的教育程度、婚姻状况、性别、思想观念和具体家庭背景等个体特征的不同，导致农村移民生计发展现状存在较大的差异化和复杂性特征。因此，本书基于三峡库区的调研数据，采取方差分析法、比较分析法等多种方法相结合，阐述了不同个体特征、不同生计类型的农村移民的生计现状。

（2）生计资本、生计风险管理究竟如何影响农村移民可持续生计的发展？农村移民的生计资本主要包括自然资本、物质资本、人力资本、社会资本、金融资本五个维度。部分学者采取定性和定量研究的方式，研究了农户的生计资本与可持续生计两者之间的关系，但是针对农村移民这一特殊群体的研究很少，研究生计资本对农村移民可持续生计影响的研究更少。因此，本书在前人研究基础之上，设计了农村移民生计资本、可持续生计的量表，同时运用AMOS17.0软件，建立了结构方程模型，验证了不同类型生计资本对农村移民可持续生计的影响。此外，部分学者采取定性和定量研究的方式，研究了农户的生计风险治理或者风险识别与可持续生计两者之间的关系，但是针对农村移民这一特殊群体的研究很少，直接研究农村移民生计风险管理与可持续生计之间关系的研究更少。因此，本书在前人研究基础之上，设计了农村移民生计风险管理、可持续生计的量表，同时运用AMOS17.0软件，建立了结构方程模型，验证了生计风险管理的不同维度对农村移民可持续生计的影响。

（3）不同类型的生计资本究竟如何影响农村移民的生计风险管理？已有研究直接针对生计资本对生计风险管理关系的研究相对较少，从现有研究来看，生计资本的结果变量中，包含了生计风险识别、生计风险治理等内容，但这些结果是在研究生计风险管理与其他变量关系，鲜有直接研究生计资本与农村移民生计风险管理两者之间的关系。因此，学界有必要进一步研究生计资本对农村移民生计风险管理的影响程度问题，进一步挖掘不同类型的生计资本究竟如何影响农村移民的生计风险管理？这些影响是否存在差异？这些研究都有助于进一步丰富和发展三峡库区移民安稳致富理论。

（4）生计风险管理是否会中介生计资本与可持续生计之间的关系？已有研究揭示生计资本对农村移民生计发展具有一定影响，但是生计资本通过什么传导机制影响农村移民的可持续生计发展，生计资本会不会通过某种中介变量影响农村移民的可持续生计发展,这些问题有待进一步探讨。生计资本的相关研究表明,其影响的结果变量包括生计风险识别、生计风险评估、生计风险治理等因素,而这些因素是生计风险管理的主要内容,同时又是影响可持续生计发展的重要因素,因此,本书拟研究生计风险管理在生计资本与可持续生计两者之间是否产生中介作用。

(5)制度环境是否会调节生计资本与可持续生计之间的关系?在政策实施层面,三峡库区主要实施开发式移民政策①,促进农村移民可持续生计发展,而国外很多国家主要实施补偿式移民政策,促进移民的可持续生计发展,因而两者在制度环境上存在较大的差异。鉴于两者之间的显著性差异,本书设计了三峡库区农村移民开发式移民政策的定量指标,探讨了制度环境对农村移民可持续生计的影响。近年来,促进我国农村移民生计发展的制度环境得到较为明显的改善,制度环境的改善是否对改善农村移民的生计状况产生了明显的影响?这些问题有待进一步研究。本书采取实证研究的方式,验证了制度环境、生计资本对三峡库区农村移民可持续生计的可能影响。通过此研究希望进一步揭示生计资本对农村移民可持续生计的影响机制,从而弥补学界在该领域的研究缺陷。

(6)在脆弱的环境下,不同生计类型的农村移民如何维持可持续生计?农村移民的安置方式主要采取本地安置与异地安置、后靠安置与外迁安置、集中安置与分散安置、政府安置与移民自找门路安置等多种安置方式。多种安置方式决定着多种类型的生计模式,这就造成了库区农村移民生计发展路径的多样化。因此,本书基于农村移民四种生计类型(打工类型、务农类型、创业类型、多样化类型)的生计现状,探讨基于生计风险管理的三峡库区不同类型的农村移民可持续生计发展路径问题。

---

① 1991年,国务院正式颁布了《大中型水利水电工程征地补偿和移民安置条例》,该条例第3条规定:"国家提倡和支持开发性移民,采取前期补偿、补助与后期生产扶持的办法",这是国家第一次以行政法规的形式明确提出在移民安置中实行开发性移民政策。

第三节 研究意义

一、理论意义

1. 清晰地梳理和界定农村移民可持续生计、生计风险管理等概念的内涵

本书将可持续生计理论、资源配置理论、资产建设理论、风险管理理论等作为理论支撑,从经济、社会、环境、制度、个人能力发展五个维度,科学地分析了农村移民可持续生计的内涵;同时从生计风险识别、生计风险评估和生计风险管理三个维度阐述了农村移民生计风险管理的科学内涵。这些概念的界定有利于丰富和发展三峡库区移民的可持续生计理论体系。

2. 丰富三峡库区移民的可持续生计理论体系

现有的关于农村移民生计的相关研究,大多从生计资本维度探讨农村移民的生计现状,本书则从生计资本、生计风险管理两个维度,探讨了不同生计类型农村移民可持续生计发展的路径。本书发现生计资本对农村移民可持续生计产生影响,是通过中介变量生计风险管理来实现的,因此提出了基于生计风险管理的生计资本培育模式,是不同生计类型的农村移民面临脆弱生态环境,促进可持续生计发展的重要路径。通过此研究,可以让政府了解哪些因素对农村移民可持续生计产生影响,了解不同生计类型农村移民可持续发展路径,进一步丰富三峡库区移民的可持续生计理论体系,可以为管理部门制定科学合理的移民管理政策提供理论支撑。

二、实践意义

1. 有利于为农村移民可持续生计发展提供现实依据,为库区制定差异化的生计政策提供借鉴和参考

通过三峡库区农村移民生计状况的实地调研,尝试着解读不同类型农村移民生计现状方面存在的差异,有利于进一步提升三峡库区农村移民的

生计质量，构建和谐稳定新库区。通过本书，期望为三峡库区政府制定差异化的生计政策提供理论支撑。

2. 以可持续生计方法对农村移民的生计问题进行研究，为农村移民后续发展中出现的问题提供新的思考方向

目前三峡库区已经进入到后三峡时代，移民的安稳致富已经上升到议事日程。农村移民搬迁后，由于文化程度较低，缺乏就业技能等因素的制约，导致他们主要靠当地打零工或外出务工来维持生计，生计较为困难。这种状况将不利于库区移民的安稳致富，以及库区的和谐稳定。因此，探讨哪些因素是影响农村移民可持续生计的关键？以及不同类型的农村移民如何实现可持续生计？这些研究可以为农村移民可持续生计发展提供现实依据以及新的思考方向，又可以为相关决策部门提供参考依据。

第四节 研究内容及方法

一、研究内容

本书首先基于三峡库区农村移民的生计现状，主要从农村移民就业现状、社会保障现状、生计资本现状、生计风险管理现状、可持续生计现状五个方面进行分析；其次，分析了农村移民可持续生计发展的影响因素，具体如下：验证了生计资本、生计风险管理对农村移民可持续生计的影响，生计资本对生计风险管理的影响，同时验证了生计风险管理在生计资本与农村移民可持续生计之间的中介作用以及制度环境的调节作用；最后，基于打工类型、务农类型、创业类型、多样化生计类型四种生计类型[①]农村移民的生计现状，分析了四种生计类型的农村移民的可持续生计发展路径，具体如图1-3所示。

---

① 务农类型、打工类型、创业类型分别是指三峡库区农村移民以务农为主的单一的生计类型、打工为主的单一的生计类型、创业为主的单一的生计类型，多样化生计类型主要是指农村移民主要从事两种及以上的生计类型。

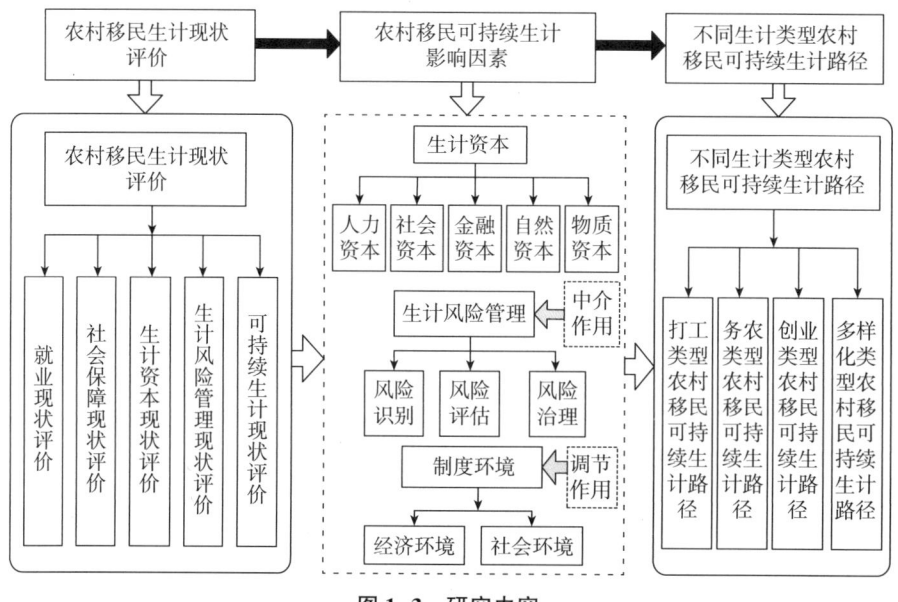

图1-3 研究内容

本书的具体研究内容如下：

1. 三峡库区农村移民生计现状评价

三峡库区农村移民生计现状评价的主要内容如下：①对三峡库区农村移民的就业现状、社会保障现状进行评价。②对三峡库区农村移民的生计资本现状进行评价，主要从以下三个方面展开研究：农村移民总体生计资本现状、不同个体特征的农村移民生计资本现状及不同生计类型农村移民的生计资本现状。③对三峡库区农村移民生计风险管理现状进行评价，主要从以下三个方面展开研究：农村移民总体生计风险管理现状、不同个体特征的农村移民生计风险管理现状及不同生计类型农村移民的生计风险管理现状。④对三峡库区农村移民的可持续生计现状进行评价，主要从以下三个方面展开研究：农村移民总体可持续生计水平评价、不同个体特征的农村移民可持续生计水平评价及不同生计类型农村移民的可持续生计水平评价。

2. 三峡库区农村移民可持续生计的影响因素分析

该部分主要探讨生计资本、生计风险管理、制度环境对农村移民可持续生计的影响机制，具体研究内容如下：①充分借鉴国内外比较成熟的量表，以及结合农村移民生计现状，确定生计资本、可持续生计、生计风险管理、制度环境的度量指标；②为了保障各个量表的科学性和有效性，本部分将采取验证性因子分析方法、探索性因子分析方法等相关分析方法相结合,对各个量表的信度和效度进行检验,验证各个量表的可靠性,为农村移民可持续生计研究奠定基础。③本部分拟用结构方程模型,研究生计资本的不同维度(自然资本、物质资本、金融资本、人力资本和社会资本)对农村移民可持续生计的影响以及生计风险管理对农村移民可持续生计的影响。④探讨生计风险管理在生计资本和农村移民可持续生计之间的中介效应作用。运用AMOS17.0建立结构方程模型,分别探讨整体生计风险管理以及生计风险管理的三个维度(生计风险识别、生计风险评估、生计风险治理)在农村移民生计资本与可持续生计之间是否产生中介效应作用。⑤探讨制度环境在生计资本和农村移民可持续生计是否产生调节作用。

3. 三峡库区农村移民可持续生计发展路径研究

运用可持续生计理论、资源配置理论、资产建设理论、风险管理理论等知识以及研究和借鉴国际国内比较先进的可持续生计分析框架,同时基于农村移民的四种生计类型(打工类型、务农类型、创业类型、多样化类型)的生计现状,运用三峡库区农村移民的调研数据,采取实证研究的方式,进一步探讨三峡库区农村移民可持续生计发展路径问题。

二、研究方法

1. 文献研究

本书采用文献研究的方法,重点研究以下几个问题:第一,收集和整理国内外关于水利工程移民、可持续生计、生计资本、资源配置、风险管理、制度环境等研究领域的文献,归纳和整理这些研究成果,将本书建立在科学理论基础之上。第二,搜索国内外关于可持续生计、生计资本、生计风险管理、制度环境的测量指标,包括各个变量的英文测量指标、中文测量指标,通过文献收集和整理,确定各个变量科学合理的测量指标,从而增加研究结论的可靠性。

2. 调查研究

本书采取调查研究的方法,从农村移民的自然资本、物质资本、金融资本、社会资本、人力资本状况、生计风险管理状况、可持续生计现状、制度环境等方面进行问卷调查、定点观察、小型座谈和深度访谈,深入了解农村移民生计发展状况。

3. 计量分析

本书以计量经济学、统计学、社会学等理论知识为基础，运用结构方程建模软件 AMOS17.0，社会统计学软件 SPSS19.0，对问卷调查的数据进行了分析和处理。具体如下：第一，设计各个变量的量表，并进行小范围的预调研，运用 SPSS19.0 软件以及 AMOS17.0 软件对各个量表的信度和效度进行检验；在满足问卷信度和效度的前提下，对各个量表的题项进行重新修订，最终确定正式的问卷。第二，运用结构方程建模软件 AMOS17.0，对正式问卷的调研数据进行分析和处理，重点验证理论假设提出的问题，具体如下：①验证生计资本、生计风险管理对农村移民可持续生计的影响；②验证农村移民生计资本对生计风险管理的影响；③生计风险管理在生计资本和农村移民可持续生计之间的中介作用；④验证制度环境在生计资本和农村移民可持续生计之间的调节作用；⑤验证不同类型农村移民的可持续生计发展路径。

4. 比较分析

基于三峡库区农村移民的问卷调查数据，本书采取科学的计量方法，从不同生计类型、不同个体特征的农村移民的就业现状、社会保障现状、生计资本现状、可持续生计状况、生计风险管理现状五个方面对三峡库区农村移民的生计现状进行对比分析。

5. 专家咨询

为了保证各个变量的测量量表的科学性和有效性，笔者在正式问卷调查之前，通过现场咨询、电话咨询、邮件咨询等多种方法相结合，反复咨询了很多相关研究领域的专家，最终确定了各个变量的测量指标。

第五节 研究框架

本书遵循"从实践中来，到实践中去"的规律，首先，梳理了国内外关于生计资本、可持续生计、风险管理等相关文献，确定本书的理论基础；其次，采取实证研究的方式，对三峡库区农村移民可持续生计现状进行了调查，通过小样本测试以及正式问卷调查，对调研数据进行了分析和处理，验证了生计资本与可持续生计之间关系假设、生计资本与生计风险管理的关系假设、生计风险管理与可持续生计的关系假设、生计风险管理的中介效应假设、制度环境的调节作用假设；再次，提出不同生计类型农村移民可持续发展路径；最后，本书提出了研究结论、政策建议以及研究局限性和展望。本书的研究框架如图1-4所示：

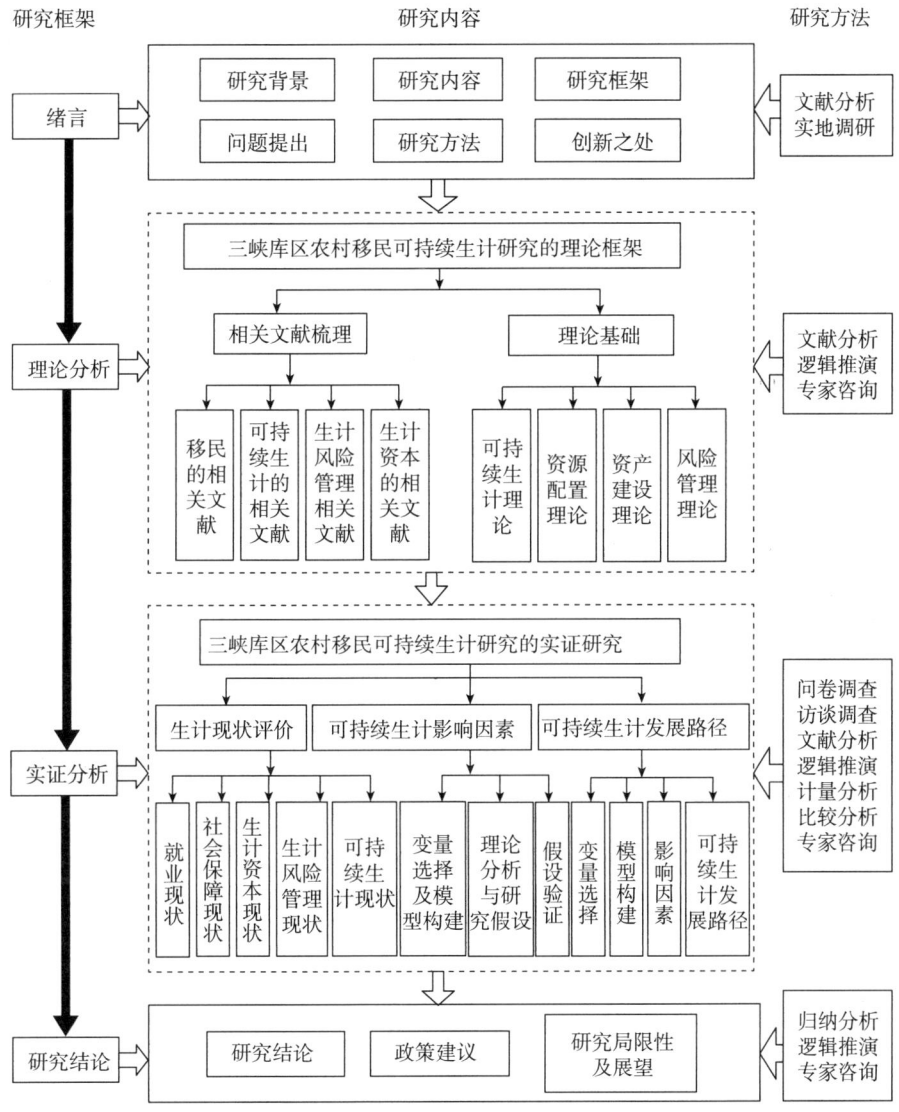

图1-4 研究框架

第六节 本书的创新点

在研究对象上，本书以农村移民为研究对象，主要研究农村移民的可持续生计问题。学术界对于可持续生计问题的研究在研究对象上主要针对农户，而对农村移民可持续生计问题的研究相对较少。尽管农村移民也是农民，但是相比普通农民而言，三峡库区农村移民具有如下独特性：第一，正如前文所述，农村移民属于三峡库区独特地理单元的特殊人口群体，是典型的工程性移民，又称非自愿性移民。第二，三峡库区农村移民贫困面大，贫困程度深。部分农村移民搬迁后面临着失业、再贫困，抗风险能力较弱，生计发展能力不足等问题。他们在搬迁后失去了原有的生产生活资料，因而，部分农村移民可能会面临着生活质量下降、耕地质量下降、边缘化的风险境地（Cernea，1997）。因此，鉴于农村移民这一群体的特殊性，研究三峡库区农村移民可持续生计问题意义重大，从某种意义上来说，研究的每一步都是创新。本书的创新点有以下三点：

第一，在前人研究基础之上，提出生计风险管理在生计资本与农村移民可持续生计产生中介作用等研究结论，具有一定的创新性。以往研究大多关注生计资本对人们可持续生计的影响，鲜有关注生计风险管理方面的研究。本书从生计风险管理维度，探讨其与生计资本、可持续生计之间的影响关系。同时，本书分析了农村移民生计风险管理在生计资本与可持续生计之间的中介作用，为进一步探讨农村移民生计风险管理策略提供了思考的方向。此外，本书指出政府在移民管理中应创设多种条件，增强农村移民的生计风险识别能力、生计风险评估能力、生计风险治理能力。这些研究有利于指导移民管理部门的生计风险管理实践，从而制定科学的生计风险管理政策。

第二，首次提出基于生计风险管理的生计资本培育模式，是农村移民面对脆弱性环境，促进可持续生计发展的重要路径。由于农村移民搬迁时存在多种安置方式，如后靠安置、外迁安置、二三产业安置等，多种安置方式决定着多种类型的生计模式，这就造成了库区生计发展路径的多样化，本书根据不同生计类型农村移民的生计状况，针对农村移民的四种生计类型（打工类型、务农类型、创业类型、多样化类型），分别提出了降低生计风险差异化的生计资本培育模式。这些研究视角具有一定的创新性。此外，研究指出移民管理部门应根据农村移民生计资本现状，建立不同区域农村移民生计资本的生计地图，这样才能帮助政府部门快速识别农村移民生计资产相关的区域，从而制定差异化的福利政策，提高政府干预的效率。这些研究有利于进一步丰富我国移民安稳致富理论，拓展了我国流域管理理论研究的新视野，有利于为三峡库区政府管理部门制定科学的移民管理政策提供理论、实证和经验支持，一些研究结论可直接作为政策参考。

第三，本书提出制度环境在生计资本与农村移民可持续生计之间产生正向调节作用，具有一定创新性。在政策实施层面，三峡库区主要实施开发式移民政策，促进农村移民可持续生计发展，而国外很多国家主要实施补偿式移民政策，促进移民的可持续生计发展，因而两者在制度环境上存在较大的差异。鉴于两者之间的显著性差异，本书设计了三峡库区农村移民开发式移民政策的定量指标，探讨了制度环境在生计资本与农村移民可持续生计之间的调节作用，为进一步探讨农村移民可持续生计发展的开发式移民政策的设计提供了思考的方向。

第二章 文献综述与相关理论探讨

本章将对本书第一章所提出研究问题的相关概念和国内外现有的研究进行回顾、梳理及评价,同时提出了本书的理论基础,从而厘清本书与现有研究成果之间的理论继承以及发展完善的关系,使本书建立在科学理论基础之上。本章阐述的具体内容如下:首先,对本书涉及的核心概念以及核心变量展开综述。基于本书的研究目标,本章分别从移民的定义、可持续生计、生计资本、生计风险管理等方面对国内外的相关研究展开综述;其次,对国内外研究综述进行了简要评价;最后,基于三峡库区独特的地理特征以及社会经济发展特点,本章主要从可持续生计理论、资源配置理论、资产建设理论、风险管理理论等阐述本书的理论基础。

第一节 相关文献综述

一、移民的相关研究

1. 移民的定义

《辞海》中对"移民"一词的解释是:①迁往国外永久定居的人;②较大数量的有组织的人口迁移(辞海编委会,2015)。葛剑雄(1997)等著的《中国移民史》对"移民"一词的解释是:具有一定数量,一定距离,在迁入地居住了一定时间的迁移人口。综上所述,笔者认为,"移民"一词的基本内涵主要包括以下三个方面的内容:第一,空间上的迁移。移民必须发生空间上的迁移。第二,时间上相对稳定。移民在进行迁移时,所维持的时间应该是相对稳定的。第三,较大数量的群体迁移行为。移民并不是单个人的迁移行为,应该是较大数量的群体迁移行为。

2. 移民的分类

本书主要从移民原因、移民自身意愿以及移民分布的空间区域三个方面,对移民进行了分类,具体如图2-1所示:

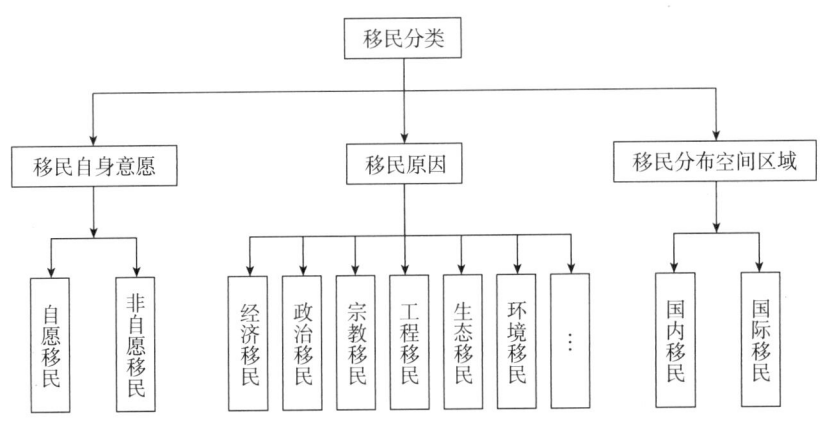

图 2-1 移民的分类

(1) 按照移民自身意愿分类。可以将移民分为自愿移民和非自愿移民。其中,自愿移民是指移民在主观意愿上愿意自发的移民活动,非自愿移民是指移民主体在主观意愿上非自愿,被动被迫向其他地方迁移的移民活动,通常是由于各种外力因素如水利工程建设、战争灾害、生态环境恶化等原因导致的迁移活动(张毅、文传浩、孙兴华,2013)。自愿移民的安置较之于非自愿移民的安置更为艰巨复杂,涉及社会、政治、经济、文化、宗教、环境、技术等诸多方面(施国庆、荀厚平,1995)。

(2) 按照移民原因分类。可以将移民主要分为以下几种类型:第一,经济移民,是指因经济因素离开原来的区域而引起的移民活动,包括投资移民、商业移民、企业移民等。第二,政治移民,是指因战争、政变等政治因素而引起的移民活动。第三,宗教移民,是指因宗教传播文化等因素而引起的移民活动。第四,工程移民,由工程建设所引起的非自愿人口迁移及其社会经济系统恢复重建活动,也就是说因修建水库、铁路、公路、机场等工程建设项目而引起的移民活动。第五,生态移民,是指生态环境破坏和恶化而导致人类生存条件丧失后产生的人口迁移活动,或以生态环境保护重建为目的进行的有计划地将人口从生态环境脆弱地区迁出活动（施国庆，2009）。第六，环境移民，是指因干旱、洪水、飓风、冰雹、地震、蝗灾、海啸、火山、泥石流、地质滑坡等自然灾害因素胁迫，导致的人口迁移与社会经济重建活动（施国庆，2009）。

（3）按移民空间区域分类。可以将移民主要分为三种类型：第一，国内移民，是指在同一国家内从一个地方迁移至另一个地方。第二，按移民迁移的方向，可以分为城市移民、农业移民等。第三，国际移民，是指为了在其他国家定居的目的而跨越国境流动的人群，包括暂时性居住；游客和短期商务考察者通常不计入国际移民之列。

3. 三峡库区农村移民概念的界定

本书研究的是水利水电工程移民，属于工程移民的一种，也称为非自愿移民，是指由于国家修建水利水电工程的需要，根据政府规划，搬迁到其他地方的群众，也叫库区移民。三峡库区移民分为农村移民和城镇移民，本书的研究对象为三峡库区的农村移民。农村移民搬迁方式存在多样性，主要分为库区安置与外迁安置、政府组织与移民自找门路、农村后靠与进城镇、集中与分散相结合等多种安置方式。

二、可持续生计的相关研究

1. 可持续生计的定义

可持续生计（Sustainable Livelihood）这一概念的提出，最早可以追溯到1991年，世界环境和发展委员会首次提出可持续生计的概念。1992年，联合国环境和发展大会将可持续生计纳入行动议程，主张把稳定生计作为消除贫困的主要目标（严登才，2012）。20世纪末，联合国开发计划署（UNDP）认为可持续生计主要包括：恢复能力、经济效益、生态均衡、代际公平四个方面。可持续生计是一种能够应对压力和打击并从中得到恢复，能够保持乃至加强其能力和资产，在惠及本地乃至全球范围内的其他生计活动的同时，还能为下一代提供机会的生计。

国内外很多学者提出了可持续生计的内涵，本书对现有文献中对可持续生计的经典定义进行总结归纳（Scoones，1998；Chambers and Conway，1992；DFID，2000；罗蓉，2008；严登才、施国庆、伊庆山，2011）（见表2-1），并结合本书的研究对象，进一步明确可持续生计的定义。

表 2-1　可持续生计定义的汇总

学者	发表日期（年）	可持续生计的定义
Scoones	1998	可持续生计是指某一个生计由生活所需要的能力、有形和无形资产以及活动组成。如果能够应付压力和冲击进而恢复，并且在不过度消耗其自然资源基础的同时维持或改善其能力和资产，那么该生计具有持续性
Chambers 和 Conway	1992	可持续生计是指农户能够应付生计风险和压力的前提下，在不破坏自然资源的基础之上，能保持或提高生计资本存量和不断提高自身能力的活动
DFID	2000	可持续生计包括环境的可持续性、经济的可持续性、社会的可持续性以及制度的可持续性四个方面
罗蓉	2008	可持续生计是指个人或家庭为改善长远的生活状况所拥有和获得的谋生的能力、资产和有收入的活动
严登才等	2011	可持续生计是移民个人或家庭为改善长远的生活状况所拥有和获得的谋生能力资产和有收入的活动，至少保持生活水平不低于搬迁前

2. 农村移民可持续生计的定义

结合三峡库区农村移民生计状况，本书对农村移民可持续生计的定义如下：农村移民不仅能够抵御外界压力和冲击，而且能够实现生计资本优化配置，促进生计资产的不断保值增值以及自身能力的不断提升，最终实现他们经济水平不断提高，社会融合程度不断提升，个人能力不断增强，生态环境不断改善，社会保障制度的不断完善。

3. 可持续生计的应用研究

（1）国外关于可持续生计的应用研究。国外对可持续生计研究的应用主要体现在以下四个方面：

第一，从脱贫角度，研究可持续生计问题。Ellis 等（2004）探讨了四个非洲国家的农村生计情况以及脱贫战略，如加大非农业就业的投入，倡导农业和非农业收入来源的多样性，寻求农民技术咨询和创造性的解决方案等（Ellis and Freeman，2004）。Knutsson 等（2005）开发了可持续生计的评估方法（SLA），同时采取实证分析的方法，验证了农户的可持续生计现状，结果表明该方法可以有效评估农户的生计脆弱性，有助于帮助政策制定者避免贫困陷阱，应付快速多变的外部形势。Oumer等（2011）基于埃塞俄比亚中部高地的数据，采取了实证分析的方法，研究了生计策略与脱贫之间的关系，结果显示：高收入水平的农民适合种植高效种植技术的根系作物，如豆类、蔬菜等。低收入水平的农民脱贫的重要手段主要在于政府对土地、牲畜、教育关键生计资产的支持。

第二，从生计风险维度，探讨农户的可持续生计。Gaillard等（2009）探讨了面对沿海灾难时，渔民要减少生计的脆弱性，增强面对沿海灾害的能力，这样才能减少沿海灾害风险，促进渔民的可持续生计。AMOS等（2015）开发出生计脆弱性指数（LVI）量表，采取实证研究的方式，评估尼日利亚沿海地区农户的生计脆弱性。结果表明，在面对气候变化时，农户家庭生计是十分脆弱的，农户只有通过政府或者非政府组织机构的努力，才能减少生计的脆弱性，提高农户生计的可持续性。

第三，从生计资本角度，探讨农户的可持续生计。Oumer等（2011）采用实证研究的方式，验证了生计资本对贫困农村家庭可持续生计的影响，结果表明高收入农民家庭可以采取适应密集的农艺策略结合根系作物，如豆类、蔬菜和牲畜等。政府要提高低收入的农民家庭的关键资产的可获取性，才能帮助他们脱贫。Oumer等（2013）探讨了生计资本（自然资本、物质资本、社会资本、金融资本和人力资本）以及个体特征对农户生计策略和土壤管理的影响，根据相似的生计多样化策略，将农户分为四种不同类型的家庭，并确定了占主导地位的创收策略。Bilgin（2012）提出了从生计资本、社会资本、文化资本、生态资本和政治资本五个维度，探讨了农户的可持续发展问题。

第四，从不同维度，探讨了可持续生计途径。国外很多研究者从不同维度，探讨了可持续生计方式，具体如下：①替代性生计模式。Ngugi等（2005）提出要想改善干旱和半干旱地区居民的福利，需要采取替代性生计策略，主要包括养蜂、养家禽、养鱼、蚕桑生产、耐旱经济作物、社区野生动物旅游、牲畜和作物产品加工等。Babu等（2016）基于面板数据，创建了替代性可持续发展的指标：绿色国民生产净值（GNNP）、生态足迹（ECOFT）、可持续发展指数（SHDI）、污染敏感的人类发展指数（HPDI）。②多样化的生计策略。Chambers（1995）提出穷人要采取多样化复杂的生计策略，才能保证可持续生计。③社区共管模式（CBCM）。Chen 等（2013）采取实证研究的方式，验证了社区共管模式显著增加中国西北社区林业管理的当地社区居民的可持续生计。④建立生计地图（livelihood maps）。Jakobsen（2013）提出生计地图可以让决策者快速识别与某些类型的资产访问有限的区域，有利于帮助管理者做出科学合理的决策。

（2）国内关于可持续生计的应用研究。国内学者多采用英国国际发展部开发的可持续生计框架。在可持续生计框架里，脆弱背景下生计资产是核心内容。国内学者的研究大多是运用可持续生计的思想和可持续生计分析框架对农户的生计状况进行研究。可持续生计研究具体体现在以下三个方面：

第一，国内学者将研究的重点放在了生计资产方面。通过研究生计资产的状况，来分析农户的生计状况。李琳一和李小云（2007）从微观角度研究生计方式，以可持续生计框架为基础，探讨了五种生计资产的不同特征。徐鹏、徐明凯、杜漪（2008）利用可持续生计框架，构建生计资产评价模型对西部 10 县（区）农户生计资产状况进行了实证分析。杨云彦和赵锋（2009）对南水北调（中线）工程库区农户生计资产现状进行了实证分析，结果表明农户借助政策和生态补偿机制的力量，可以优化生计资产，为生计的可持续发展创造条件。赵雪雁、李巍、杨培涛（2011）采用甘南高原 115 户农牧民家庭的调研数据，采用参与性农户评估方法，分析当地农户的生计资本现状、生计活动特点，论述了生计资本对生计活动的影响。

第二，国内学者从不同维度，探讨了可持续的生计途径。具体如下：①从生计资本维度，探讨可持续生计的途径。国内学者大多从生计资本角度探讨自然资本、社会资本、物资资本、金融资本和人力资本对可持续生计的影响，并强调居民要提升生计资本水平（许汉石、乐章，2012；李丹、许娟、付静，2015）。②采取多样化的生计策略。苏芳等（2009）指出，政府应积极采取有效的资金支持手段，促使农户放弃农业生产，投入非农业生产方式，实现兼业化生活方式，这样才能促进农户的生计策略多样化，促进农户生活水平的提高。伍艳（2015）指出，生计多样化是贫困地区农民采取的一种可持续生计策略，有利于降低生计脆弱性，保障生存安全。③加大政府政策扶持的力度。张华山和周现富（2012）提出，政府要创新水库移民补偿安置和扶贫开发的机制,增进水库移民家庭的物质存量、生产生活资料、收入来源多元化,尤其需要长期性地提升移民的知识、技能、能力等综合素养,扩大和提升移民的社会关系网络资源,这样促进移民的可持续生计发展。王娟、吴海涛、丁士军(2014)提出,对市场条件较差、海拔高的山区农户给予优惠政策,如经济作物种苗补贴、农资补贴、交通补贴等政策,这样才能缩小农户间收入差距,提高农户的生计能力。

第三,可持续生计研究向多个交叉学科方向发展。谢旭轩、张世秋、朱山涛(2010)从生态环境维度,探讨了退耕还林对农户可持续生计的影响。汤青、徐勇、李扬(2013)采用经济地理的分析方法,对黄土高原地区农户可持续生计效益进行了评估,并确定了农户未来的生计发展策略。刘璐琳和余红剑(2013)借鉴国内外可持续生计理论,从社会学维度探讨了我国城市少数民族流动人口的可持续生计状况,研究表明可持续生计理论有助于指导和加强城市少数民族流动人口社会救助工作。

4. 移民可持续生计的相关研究

(1) 移民生计的影响因素。国外关于水库移民的研究,主要体现在两个方面:一是水库移民搬迁后对水库流域的经济和社会可持续性造成了严峻的挑战(汤青、徐勇、李扬,2013;刘璐琳、余红剑,2013;Zhang 等,2013;Singer 和 Watanabe,2014);二是水库移民搬迁对环境造成了严重的影响(Tan,2006;Guo 等,2013),对于水库移民生计方面的研究几乎没有。国内关于水电库区工程移民生计影响因素的研究主要有以下四个方面:

第一,生计资本。严登才、施国庆、伊庆山(2011)认为,移民可持续生计的影响因素为自然资本、人力资本、社会资本、物资资本和金融资本。孙海兵、段跃芳(2011),孙海兵等(2014)基于南水北调丹江口农村外迁移民的调查资料,测算水库移民的生计资本,认为人力资本、金融资本、社会资本与资本总量在很大程度上影响着移民生计结果。李丹、许娟、付静(2015)以"可持续生计分析"方法为基础,提出脆弱性背景下,移民的五大生计资本、民族文化传承及制度环境影响移民的生计策略。

第二,社会网络。覃志敏(2014)在社会网络理论和可持续生计理论的基础之上,构建了扶贫移民生计发展的分析框架,对扶贫移民社会关系网络变动以及生计恢复发展进行了系统研究,并构建了扶贫移民生计发展分析框架。

第三,移民搬迁安置。李聪等(2013)构建了移民搬迁背景下农户的生计策略分析框架,并利用陕南安康地区的入户调查数据,分析了移民搬迁对农户生计策略的影响。结果表明:移民搬迁有利于农户优化生计结构,促进他们的生计模式向非农转型。徐怀东(2014)指出,移民的多样化安置有利于促进移民的可持续生计发展。

第四,政策支持。张华山和周现富(2012)提出政府要创新水库移民补偿安置和扶贫开发的机制,增进水库移民家庭的物质存量、生产生活资料、收入来源多元化。孙海兵和段跃芳(2013)提出移民后期扶持应进一步通过提高补助标准、整合扶持资金、加大产业扶持、加强教育培训等方式促进移民生计的可持续发展。

(2)移民生计发展的实现机制。国内关于生计发展的实现机制方面,主要从政策层面探讨如何促进移民的生计发展。其中代表性的观点主要有:第一,实现移民的安稳致富,国家要重点实施产业移民政策和公共事业促进就业政策(林青、覃朕,2011)。第二,从财政政策视角,提出了三峡库区后移民时代发展的政策建议:一是促进生态移民搬迁及移民安稳致富的财税政策措施,二是促进库区产业发展的财税政策措施(严立冬、邓远建、张陈蕊,2010;罗素娟,2011)。第三,支持库区产业发展(王世傅,2006;张佐、陈建成,2015)。第四,积极开展创业培训和技能培训,引导移民自主创业(王沛沛、许佳君,2013;周大鸣、余成普,2015)。第五,采用一定措施,加强对移民的扶贫(付少平、赵晓峰,2015;邢成举,2016)。

三、生计风险管理的相关研究

1. 生计风险管理的定义

通过搜索国内外文献,发现关于生计风险管理的内涵,国内外学者均没有给出明确的定义,但是由于生计风险管理属于风险管理的一个类别,从不同学者关于风险管理内涵的界定,不难看出生计风险管理所包含的内容。Jonens 等(1996)认为,风险管理是指为了构建风险与应对风险所采用的各类监控方法与过程的总和。Weidman(1990)认为,风险管理是通过风险的识别、测量和控制，以最低的成本使风险导致的各种损失降到最低程度的管理办法。Williams 等（1998）指出，风险管理是通过识别衡量和控制风险使风险损失达到最低程度的方法，它被认为是最早准确定义的风险管理。Pritchett（1998）提出，风险管理是组织或个人为减少风险带来的负面影响而进行决策的过程。Dorfman（2002）认为，风险管理是计划和安排解决潜在风险损失的过程，它以处理组织发生的意外损失风险及保护其资产安全为核心。关于风险管理代表性的定义如表2-2所示：

表 2-2　风险管理的定义汇总

学者	发表日期（年）	风险管理的定义
Jonens 等	1996	风险管理是指为了构建风险与应对风险所采用的各类监控方法与过程的总和
Weidman	1990	风险管理是通过风险的识别、测量和控制，以最低的成本使风险导致的各种损失降到最低程度的管理办法
Williams	1998	风险管理是通过识别衡量和控制风险使风险损失达到最低程度的方法
Pritchett	1998	风险管理是组织或个人为减少风险带来的负面影响而进行决策的过程
Dorfman	2002	风险管理是计划和安排解决潜在风险损失的过程，它以处理组织发生的意外损失风险及保护其资产安全为核心

从以上关于风险管理的界定，可以看出风险管理包括风险识别、风险测量以及风险控制等过程，风险管理的最终目的在于选择和采用科学合理的风险管理方法，降低风险损失，力争以最小的成本达到最大地分散风险的效果。水利工程移民是由于水利水电工程建设而引起的非自愿人口迁移及其引发的经济社会系统重建活动，移民搬迁往往涉及整村、整乡的大规模的人口迁移以及生计的恢复（Williams and Heins, 1998）。因此，水利水电工程移民生计风险区别于其他移民项目，其生计风险具有独特性和复杂性（唐传利、施国庆，2002）。

2. 本书关于生计风险管理内涵的界定

基于以上分析，本书对生计风险管理的概念界定如下：生计风险管理主要是指微观的生计风险管理，就是指个体或家庭在生产和生活中所遭遇到的一切不确定性的可能情况，主要是指生产风险和生活风险两个方面，如经济风险、市场风险、医疗风险、养老风险、教育风险等。在遭遇这些生计风险时，个体或家庭能有效地识别生计风险、评估生计风险以及控制生计风险的过程，力争以最小的成本达到最大分散风险的效果。

3. 生计风险管理包括的基本内容

从以上风险管理定义可知，生计风险管理包括生计风险识别、生计风险评估和生计风险控制三个方面，如图2-2所示。风险管理还可以分为微观风险管理与宏观风险管理。在如何管理的基础上，可分为三大类：技术导向型风险管理着重安全技术的管理；财务导向型风险管理着重风险对财务的冲击与分析；人文导向型风险管理着重人们对风险的认知、态度与行为的分析，进而以有效的风险沟通完成风险管理的目的（陈传波，2004）。

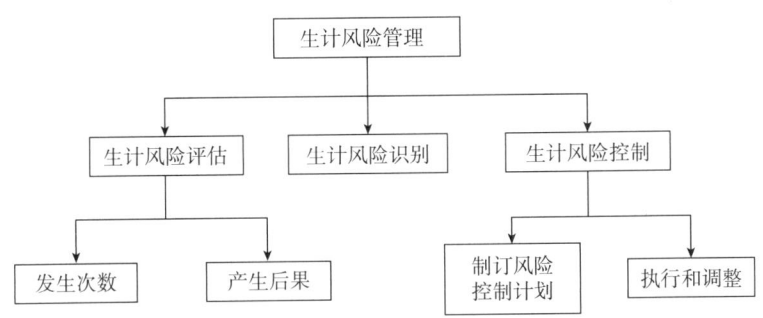

图2-2　生计风险管理的内容

4. 关于生计风险认知的研究

农村移民是生产经营活动的主体，也是生计风险管理的绝对主力。为便于对生计风险进行管理，明确农村移民对生计风险的认知就显得非常重要。学界对农户风险认知这方面的研究较多，但是对移民风险认知方面研究相对减少，主要从移民生计风险认知的现状进行研究，具体如下：李丹和白月竹（2007）以凉山州水库移民为例，从社会学角度，对水库移民安置的社会风险进行了识别与评价,结果表明:部分移民面临着失去土地、失业、边缘化、缺乏食品、健康等生活保障、社会关系网破坏、社区服务不健全、失去享有公共财产服务的权利和宗教文化冲突等社会风险。杜云素和钟涨宝(2012)采用实证调查的方法,对丹江口水库移民的贫困风险认知及应对策略进行研究,结果表明水库移民生计风险认知情况如下:首先是移民认为风险最高的经济风险,其次是政策落实方面的风险,最后社会资本流失的风险和文化风险。

5. 关于生计风险管理策略的研究

学术界关于移民生计风险管理策略的研究,主要集中在宏观的风险管理,多从政府的视角展开,着重于探讨政府在移民生计风险管理的作用,具体体现在以下三个方面:

第一,建立不同类型减贫风险管理机制。施国庆、苏青、袁松岭(2001)提出根据不同风险类别,建立减贫风险管理机制。具体包括:①丧失土地的风险规避策略。实施开发性移民方针,大农业安置方式为主,以土地换土地。②失业风险的规避策略。以农业安置为主,尽可能地避免工业安置移民就业,保证农村移民的土地,通过开发性移民,为移民创造就业机会。③对无家可归的风险规避策略。对移民房屋按照重置价格进行补偿,由移民自己进行重建。李飞(2012)认为,政府要按照"小贫小扶,大贫大扶"的风险规避策略,减少移民的生计风险,帮助移民脱贫,具体包括:对于高贫困风险移民,尤其是原生型贫困者,给予他们脱贫致富的机会;对于低贫困风险移民,采用补救式开发补偿,注重移民的后期扶持。此外,政府要做好移民贫困风险跟踪监测,根据实际情况不断调整后续扶持政策。

第二,自然灾害中的风险管理。克雷亚等(2012)在对不同类型的风险管理分析基础之上,提出了降低灾害风险的移民安置策略。陈勇、谭燕、茚长宝(2013)提出在山地自然灾害风险管理中,国家要在山区进行自然灾害风险区和隐患点普查的基础上,有计划、分阶段逐步实施山区避灾扶贫移民搬迁计划。何得桂(2013)在分析陕南地区避灾移民搬迁中生存环境重建、社会文化重构、发展能力重塑三大风险的基础上,提出要以可持续发展为导向,促进移民规划与政策实践的协同,以治理提升为取向,促进社会文化认同和社区整合的显著提升,以人本发展为导向,促进移民可持续生计与产业发展布局的逐步优化,从而化解避灾移民的生计风险。

第三，转变政府在移民管理中的职能。彭峰、周银珍、李燕萍（2016）提出，降低水库移民生计风险，需要地方政府在移民管理中向"有限管理的服务型政府"转变，将"以人为本"的理念内嵌于政策、计划和实施中。

但是，对于微观的移民生计风险管理，学术界涉略得很少，如史俊宏（2015）基于内蒙古牧区320户生态移民调查数据，同时借鉴世界银行的风险分析框架，运用微观主体的风险识别与认知方法，构建牧区生态移民生计转型风险分析框架，同时提出了规避生计风险的应对策略。

四、生计资本的相关研究

1. 生计资本的概念

国外提出了三种可持续分析框架，这些框架中均提到了"生计资本"的概念，但是包括的具体内容却不同。具体如图2-3所示：第一，联合国开发计划署（1995）的可持续生计分析框架中，生计资本被分为自然生态资本、物质资本、人力资本、社会资本、经济资本和政治资本六个部分。第二，英国国际发展部（DFID，2000）可持续生计分析框架中，生计资产主要包括自然资本、物资资本、人力资本、社会资本和金融资本。第三，国际救助组织（CARE，1994）提出的可持续生计分析框架中，生计资本主要包括人力资产、社会资产和经济资产。以上三种可持续分析框架共同点如下：研究对象均为农户，均考虑了生计资本的内容。生计资本包括的内容却不尽相同，如图2-3所示，三种可持续分析框架中对生计资本概念所包括的内容侧重点有所不同，具体如下：①国际救助组织提出的"生计资本"侧重于强调自我的激励作用和社会的激励作用；②联合国开发计划署侧重于从有形资产和无形资产两个维度界定生计资本的概念；③英国国家发展部提出的"生计资本"侧重于政府的作用，强调了政策在可持续生计中的作用。

2. 移民生计资本现状的相关研究

国内关于移民生计资本相关的研究，主要集中在两个方面：第一，搬迁前后移民生计资本现状分析。严登才（2011）通过跟踪调查数据，对搬迁前后移民的自然资本、物质资本、金融资本、社会资本和人力资本状况

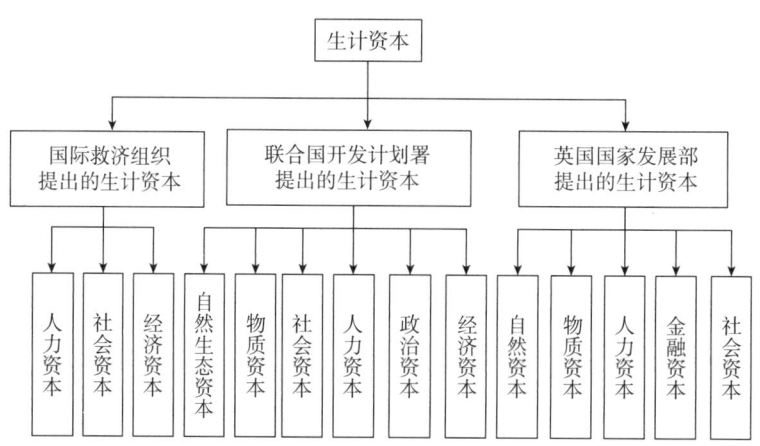

图 2-3　三种可持续分析框架提出的生计资本的概念

进行对比分析，通过调研发现，搬迁后移民物质资本得到了很大提高，而其他四类资本都受到了搬迁的负面影响。孙海兵（2014）基于南水北调中线工程丹江水库后靠移民的调研数据，分析了后靠移民初期的生计资本状况，结果表明：移民生计处于较低水平，相比搬迁前，移民搬迁后物质资本有所提高，社会资本、自然资本有所降低，人力资本、金融资本搬迁前后变化不大，其建议移民安置地应重点提高移民的人力资本、金融资本与社会资本。第二，搬迁后移民生计资本现状的调查。杨云彦和赵锋（2009）利用南水北调（中线）工程的实地调查数据，对库区农户生计资本现状进行了实证分析，结果表明：库区农户生计资本整体脆弱，生计资本的社会融合程度低，最后笔者提出库区应加强以人力资本的培育，为可持续生计发展创设良好条件。孙海兵（2014）利用南水北调丹江口水库外迁农村移民安置初期的问卷调查数据，分析了生计资本对生计结果的影响，结果表明：人力资本、金融资本、社会资本与资本总量的水平较低，制约了后续可持续生计的重建以及安稳致富发展进程。邵毅、施国庆、严登才（2014）根据对安置区移民遗留问题处理前后跟踪调查数据，对水库移民遗留问题处理前后移民生计资本状况进行了对比分析，结果表明：水库移民遗留问题处理后物质资本提高得最为明显，其后依次是人力资本、社会资本和金融资本，自然资本提高不明显。

3. 生计资本对移民创业的影响研究

国内关于生计资本对移民创业影响的研究主要集中在两个方面：第一，从整体上探讨生计资本对移民创业的影响。王沛沛（2013）基于温州水库的调研数据，基于水库移民生计现状，探讨了生计资本对移民创业的影响，结果表明人力资本、金融资本、社会资本对移民创业具有显著的影响，自然资本、物质资本对移民创业影响并不大。第二，从生计资本的具体维度，探讨其对移民创业的影响。杨孝良和王崇举（2015）基于三峡库区的调查数据，分析了创业环境、个体特征对移民创业决策的影响，结果表明：移民的社会资本对移民创业决策具有显著的正向影响。胡江霞和文传浩（2016）基于三峡库区移民的调研数据，分析了人力资本、社会网络对移民创业绩效的影响，结果表明：人力资本、社会网络对移民创业绩效产生积极的正向影响。

4. 生计资本对可持续生计的影响研究

国内外关于生计资本对可持续生计的影响研究，主要体现在两个方面：第一，生计资本的数量和质量，影响着人们的可持续生计发展。家庭拥有的生计资产的数量越多，质量越好，越有可能采取多样化生计策略，采取获得积极的生计成果，从而对家庭的可持续生计发展产生积极的正向影响（Mcdonald and Brown，2000；Scoones，2005）。第二，通过对移民生计资本的优化组合，可以促进生计的可持续发展。五种生计资产（自然资本、物质资本、人力资本、社会资本和金融资本）的最优化组合方式，是农村可持续发展的必要条件，实现积极的生计成果（Reardon and Votsi，1995；Faurès and Santini，2008）。李丹、许娟、付静（2015）提出，不同生计资本变化的组合导致不同的生计策略，应关注移民中的弱势群体与弱势生计资本，加强下一代移民职业教育，提供正规发展资金扶持，加强医疗保险救助，促进民族地区移民可持续生计发展。辛瑞萍、韩自强、李文彬（2016）基于对青海省囊谦县三江源生态移民的调研数据，提出应从加强生计资本建设和创造就业机会两个方面提出减轻生计脆弱性、实现生计的可持续发展。

五、简评

近年来，国内外学界关于可持续生计方面的研究取得了诸多成果，这些都为本书提供了大量有益的参考与借鉴，具有重要的基础性意义。但是三峡库区关于农村移民可持续生计方面的研究略显不足，需要学者进一步研究和探讨，具体如下：

第一，在研究内容上，对农村移民生计方面的系统化研究尚未形成，研究内容显得比较零碎和分散。学者的研究视角往往局限在移民生计方式、生计发展的实现机制的某一方面，对于农村移民可持续生计方面的系统化研究尚不多见。

第二，研究深度上尚且还停留在局部，对农村移民可持续生计方面研究深度不够。研究农户可持续生计的文献较多，但是对于农村移民生计方面的研究并不多。从影响移民生计的因素来看，现有研究主要从技术进步、产业结构、公共投资等宏观角度，探讨农村移民的生计问题。从微观视角去研究农村移民的可持续生计的文献并不多见，因而学术界需要采取实地调研的方式，进一步探讨农村移民的生计问题，进而从多个方面挖掘影响农村移民可持续生计的关键因素，特别是生计资本、生计风险管理对可持续生计的影响。此外，由于不同个体特征的农村移民存在多种生计发展方式，因而学术界需要进一步探讨不同生计类型的农村移民的可持续生计发展路径。

第三，在研究方法上，目前学术界对农村移民生计的研究多为定性研究，定量研究偏少，描述性研究居多、实证分析偏少，比较分析研究偏多，交叉学科分析偏少。从现有文献来看，运用交叉学科的研究方法研究农村移民生计问题的文献并不多见。农村移民生计问题看似是一个经济问题，但是实际上涉及经济、社会、文化、制度、环境等多个影响因素的制约。因而需要学者进一步运用交叉学科的理论，如经济学、管理学、社会学、制度经济学、组织学、地理学等理论，以及运用计量经济学的分析方法，进一步研究农村移民可持续生计问题。

因此，本书拟在研究内容和研究方法上，突破已有研究的局限，采取定性研究和定量研究相结合的方式，运用交叉学科的研究方法，对三峡库区农村移民的可持续生计现状进行系统调查，以期找到促进农村移民可持续生计发展路径。

第二节 本书的相关理论基础

一、可持续生计理论

1. 可持续生计理论的内涵

1997年，英国国际发展部提出的可持续生计的理论框架，国内外学者普遍对英国国际发展部提出的可持续生计分析框架比较认可。该分析框架也成为近年来可持续生计问题研究的主要理论基础。可持续生计理论主要包括以下五个方面的内容：

第一，生计资本（Livelihood Capital）。DFID（2000）认为，生计资本包括自然资本、金融资本、物资资本、人力资本和社会资本。图2-4中的生计资产五边形直观地显示了人们所拥有的资产类型和不同资产类型之间的关系。在脆弱性背景下，生计资产五边形是可持续性生计框架的核心内容，它呈现出人们的生计资本状况，显示了生计资产的类型，以及多种生计资产之间重要的内在关系。生计资产是可持续生计分析框架的核心，在脆弱性背景下，人们如果单靠一种生计资产，可能无法实现多样化的生计结果，因此，人们需要依靠多种生计资产的力量，不断对自身的生计资产进行优化组合，从而产生多样化的生计结果，促进人们的可持续生计发展。

第二，脆弱性背景（Vulnerability Context）。每个家庭在生命周期中，总会遇到一些不确定的情况，这些不确定情况将会影响家庭的生计；这些不确定性情况被称为风险环境（Vulnerability Context），又称为脆弱性环境，这些风险环境构成了影响人们可持续生计的外部环境。这些外部环境主要包括社会经济、政治、人口、自然环境、气候等因素。人们的可持续生计要受到外部风险环境的影响，这些风险环境影响着农户的生计资本状况，进而影响他们的生计策略选择，最终影响农户的生计结果。在人们生产生活中，脆弱性环境是可持续生计框架中最不容易控制的一部分。在脆弱性背景中，人们可以通过风险识别、风险评估以及风险控制等手段，积极增强自身的风险管理能力，达到可持续生计的目的。此外，人们还可以通过政策因

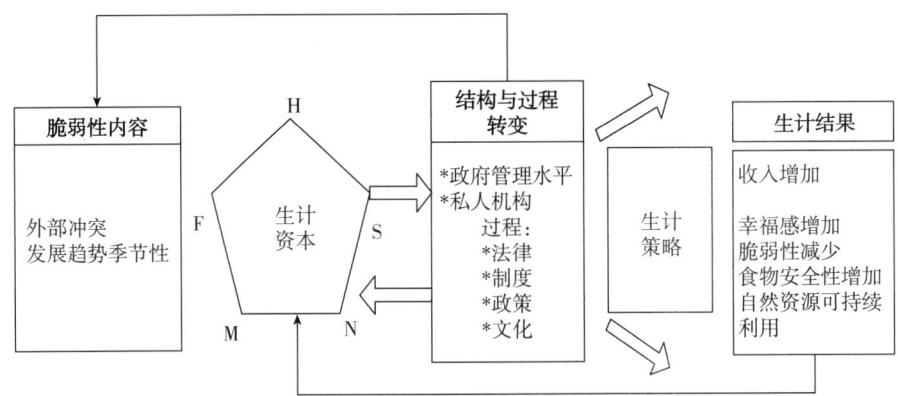

备注：H:人力资本；N:自然资本；M:物质资本；F:金融资本；S:社会资本

图 2-4 可持续生计理论框架

素，如制度改革，增强抵御风险的能力，从而达到可持续生计的目的。

第三，结构和过程的转变（Transforming Structures and Processes）。DFID（2000）认为，政治、经济、社会、法律、文化等制度因素影响着群体和个人的可持续生计。在可持续生计分析框架中，要十分重视制度建设，重视政治、经济、社会、法律等制度因素的作用。

第四，生计策略（Livelihood Strategies）。Ellis（2000）认为，生计策略就是追求持续生计的一系列行动和方法，即资产组合和应用的方法。也就是说，生计策略是个体或家庭依靠生计资本状况，选择参与不同的生计活动，通过创造生产生活所需的物质资料和精神资料，从而保障生计的可持续性。在可持续生计分析框架中，人们为了追求积极的生计成果，必须要依据自身生计资本状况，对生计资产进行优化组合，选择合适的生计策略，从而促进生计的可持续发展。

第五，生计结果（Livelihood Outcome）。生计结果是人们追求收入、保障、福利和其他生产目的的选择过程，生计结果可能是可持续性的，也可能是不可持续性的。Muhammad（2015）认为，生计结果包括更大的收入、增加福祉、改善粮食安全、减少脆弱性和自然资源的可持续利用。从以上内容可知，在可持续生计分析框架下，人们依据自身生计资本状况，选择合适的生计策略，追求积极的生计结果，包括贫困程度的改善、生计风险环境的改善、自然资源的可持续性利用程度的提高等。

2. 可持续生计理论的借鉴作用

（1）可持续生计理论重视生计资本的作用。在可持续生计理论分析框架下，强调生计资本对可持续生计的作用。具体体现在以下两个方面：第一，重视生计资本的多样性。生计资本包括自然资本、物质资本、社会资本、金融资本、人力资本五个维度。生计资本的五个维度之间是相互影响、相互制约的，单靠某一个生计资本的力量，可能无法实现生计的可持续性，因此需要充分考虑生计资本的多样性。对于农村移民而言，要充分利用自身生计资本状况，注重生计资本的多样化以及生计资本质量的提升。第二，生计资本影响着生计策略的选择。对于农村移民而言，在脆弱性风险环境下，人们要想实现生计的可持续性，需要基于自身生计资本现状，充分考虑各个生计资本的优劣，对生计资本进行优化组合，选择合适的生计策略，从而规避可能出现的生计风险，促进可持续生计。

（2）可持续生计理论重视制度的作用。在可持续生计理论分析框架下，强调了组织结构、制度因素对可持续生计的作用。具体如下：第一，DFID（2000）认为，生计结构和过程的转变是实现可持续生计的重要条件，政策、法律制度和文化等决定着人们获取生计资本的机会，同时也间接地影响着他们的社会关系，因此，政府应采取相应的措施，完善各项管理制度，确保人们的生计资产不受侵犯；第二，在可持续生计分析框架下，人们需要考虑政策法规的重要性，同时要学会运用这些政策因素，解决生计发展中存在的问题，进而为可持续生计发展创造条件（Goodland and Daly，1996；Caffey，Kazmierczak and Avault，2000；Biao and Kaijin，2007）；第三，在可持续生计分析框架下，政府要充分重视地方组织在移民生计重建中所开展的活动和所扮演的角色以及不同组织所承担的责任及履行情况（严登才，2012）。

（3）可持续生计理论重视生计风险的作用。在可持续生计理论分析框架下，强调了生计风险对可持续生计的作用。具体体现在如下两个方面：第一，降低生计风险损失，促进可持续生计发展。人们在生产生活中，可能会面临着诸多生计风险，这些生计风险可能会给人们带来诸多损失。对于农村移民而言，他们要充分重视生计风险的作用，这样才有效治理生计风险，降低与风险有关的成本，减少因风险带来的损失，从而促进可持续生计发展。第二，减少贫困，提高福利，促进可持续生计发展。对于农村移民而言，他们要充分重视生计风险的作用，对影响生计的风险因素进行充分评估以及控制，这样才能减少贫困，提高个体或家庭的福利水平，从而促进可持续生计发展。

二、资源配置理论

1. 资源配置的理论内涵

资源配置理论最早是由英国杰出的古典经济学家亚当·斯密在《国富论》提出的。亚当·斯密认为，"在利己心的驱动下，由于经济人追求财富的最大化，因而他们会把资源，尤其是自己所掌握的资源，恰当配置到最能获利的地方"。我国著名经济学家厉以宁（2009）认为，资源配置是指将经济中的各种资源，包括人力、物力、财力，在各种不同的使用方向之间的分配。从上述定义可知，资源配置包括两个核心要素：一是资源；二是资源的分配。由于资源存在稀缺性，任何社会必须通过一定的方式将有限的资源分配到合适的社会领域中去。换句话来说，要想实现资源的优化配置，促进资源的合理利用，即用最少的资源损耗，生产出最适用的商品和劳务，从而获取最大的收益。资源配置有以下两种方式：一种是以计划方式进行资源配置，即通过社会的统一计划、安排，以计划配额，行政命令的方式分配社会资源的方式；另一种是以市场方式进行资源配置，即通过市场运作的方式来分配社会资源。资源配置是否得当，对于一个国家经济发展具有极其重要的影响。具体体现在三个方面：第一，通过优化资源配置，可以实现社会资源的供给和需求的均衡，这样才能实现社会资源的合理利用。第二，节约社会资源。通过市场自发的调节作用以及国家的宏观调控作用，可以有效地利用现有资源，降低损耗，促进资源的利用率。第三，促进劳动效率的提高。在市场机制的调节作用之下，企业会从自身利益出发，主动地采用先进的科学技术，改善自身的经营管理状况，从而提高劳动生产率，促进整个社会生产力的飞速发展。

2. 资源配置理论的借鉴作用

第一，从宏观层面看，优化资源配置是经济持续增长的关键。资源的优化配置，有利于促进资源的优化组合，充分提高各种资源的利用效率，从而实现经济的可持续发展。我国实施"供给侧改革"的最终目的是转变经济增长方式，从过去以数量增长为主，转向以提高质量为主，不断优化资源配置，促进各种资源的合理配置，不断提高各类资本投入的产出效率。第二，从微观层面看，对农村移民个体或家庭而言，优化资源配置是促进个体或家庭可持续生计的关键。农村移民个体或家庭通过优化资源配置，如优化人力资源、物质资源、金融资源等，不仅有利于促进农村移民的生计资源的保值增值，而且可以最大限度地发挥生计资源的利用率，这样才能提高农村移民个体或家庭的综合实力，实现农村移民个体或家庭的可持续生计。

三、资产建设理论

1. 资产建设理论的内涵

资产建设理论（Assets Construction Theory）是当代社会科学领域的一个重要新理论，该理论是由美国华盛顿大学 Michael Sherraden 教授，在他出版的《穷人与资产》一书中首次提出的。所谓的资产建设，是指政府或非政府组织积极创造良好的条件，引导和帮助穷人进行资产积累，而非简单地直接增加他们的收入和消费，穷人依靠自身积累的资产进行特定目的的投资，从而实现自身发展，走出贫困困境（Michael，2005）。Sherraden 教授把资产分为有形资产和无形资产两个部分，有形资产是指合法拥有的资产，包括货币储蓄、股票、金融债券、家庭耐用品、自然资源、生产设备、不动产等资产。在很大程度上，这些有形资产与物质财产具有相同的功能。无形资产是指基于个人的社会关系网络的资产，包括人力资本、文化资本、非正式社会资本、正式社会资本、政治资本等资产。无形资产对于穷人的自身发展具有非常重要的作用。Michael Sherraden 教授提出了资产建设理论的核心命题：穷人贫困不仅仅是收入穷困，更是资产贫困。因此，反贫困的有效途径应当是帮助穷人进行资产建设。资产建设理论要求政府帮助穷人建立起自己的资产，促进个人创造财富能力的提高，从而帮助穷人走出贫困的困境。

2. 资产建设理论的借鉴作用

资产建设理论作为反贫困的社会福利政策理论，主张帮助穷人积累资产来提高自我发展能力，从而彻底地摆脱贫困，而不是仅通过现金支持的方式脱贫。姜丽美（2010）认为，资产建设理念运用于解决失地农民贫困问题，不仅可以促进失地农民的可持续发展，而且也可以促进和谐新农村的建设。可见，资产建设是一种反贫困重要手段，资产建设不仅有利于解决人们的贫困问题，有利于促进人们的可持续生计发展。资产建设对农村移民可持续生计具有重要的借鉴作用：第一，确定资产建设的对象。根据农村移民的生计现状，确定哪些是需要优先扶持的对象，如农村移民中的"三无"（无稳定收入、无固定工作、无资产）人员应当作为资产建设的对象，予以优先扶持；第二，资产建设理论应把反贫困的重点从提高收入转移到资本积累上来。资产建设理论认为贫困者之所以贫困，是因为其缺乏资产，缺乏发展自身能力的依据，而单纯的收入补助并不能帮助其提高能力、摆脱贫困。对于农村移民而言，政府不能仅通过现金支持的方式帮助他们脱贫，而应该增强他们的"造血"功能，帮助农村移民积累自身的资产，如通过职业培训提高他们的人力资本水平，通过金融扶持政策，提高他们的金融资本水平，这样才能提高农村移民的可持续生计能力。

四、风险管理理论

1. 风险管理理论的内涵

风险管理理论从20世纪30年代就开始萌芽，但直到20世纪80年代末才开始蓬勃发展起来。风险管理是研究风险发生规律和风险控制技术的一门新兴管理科学。风险管理是指有目的、有意识地通过计划、组织和控制等活动来避免或降低风险带来的损失，通过风险识别、风险评估和风险决策管理等方式，对风险实施有效控制和妥善处理风险损失的过程。换句话说，风险管理就是利用各种自然资源和技术手段对各种导致人们利益损失的风险事件加以防范、控制以至于消除的过程。风险管理的基本内容主要包括三个方面：第一，风险识别。风险的重要特征是它的不确定性，不容易让人们察觉到。因此，风险管理首要的任务就是要识别风险，也就是采取各种科学方法，识别身边潜在风险的类别、识别引起风险的主要因素以及识别风险可能引起的后果。第二，风险评估。风险评估就是应用各种概率与数理统计方法，测算出某一风险发生的频率，进行估算损害程度，既包括直接损害程度，防范和处理风险所消耗的人财物，又包括与直接损失相关联的间接损失程度，其目的是为了对带来不同程度损失的风险采取不同的对策。第三，风险控制。为了经济有效地控制和降低风险，就必须针对不同性质的风险采取不同的手段或措施。这些手段措施包括：风险回避、风险预防、风险自担、风险转移。

2. 风险管理理论的借鉴作用

风险管理在农村移民可持续生计中具有重要作用：第一，降低风险损失，促进农村移民的可持续生计发展。农村移民要充分重视风险管理的作用，有助于农村移民合理分配现有的生计资源，提高生计资本的运作效率，减少因风险带来的损失，从而促进农村移民的可持续生计发展。第二，建立有效的预警机制以及干预机制，促进农村移民的可持续生计发展。农村移民需要建立有效的预警机制以及干预机制，并采取相应的措施，减少冲击或负面波动的发生概率，从而促进农村移民的可持续生计发展。农村移民通过"事前"的风险预警以及"事后"的风险干预，促进农村移民的可持续生计发展，具体如下：①"事前"的风险预警。对于农村移民而言，在风险损失发生以前，要采取相应的风险管理措施，建立"事前"的风险预警机制。他们通过识别风险、评估风险，制定相应的风险回避措施，规避潜在的生计风险，使风险降到最小；②"事后"的风险干预。对于农村移民而言，在风险损失发生之后，要采取相应的风险管理措施，如调整生产和资源管理措施，建立"事后"的风险干预机制。他们通过风险评估，制定减少与缓解风险的措施，从而减少风险的发生概率（Fafchamps，2003）。第三，减少贫困，提高福利，促进可持续生计发展。对于农村移民而言，有效的风险管理，有助于农村移民对影响风险的各个因素进行充分评估以及控制，这样才能减少贫困，提高个体或家庭的福利水平，促进农村移民的可持续生计发展。

本章小结

本章主要介绍了本书的文献综述以及相关理论基础，主要从两个方面展开：第一，相关变量、核心概念的文献综述。主要从可持续生计、生计风险管理、生计资本、移民等方面详细阐述了国内外的研究现状；第二，阐述了本书的相关理论基础及其借鉴作用。主要阐述了可持续生计论、资源配置论、资产建设论、风险管理论的理论内涵以及对本书的借鉴作用。本章为全书的研究奠定了良好的理论基础。

第三章 研究设计

本章在第二章基础之上，阐述了本书模型的构建、各个变量的选择以及对问卷中各个量表的信度和效度进行了分析，同时介绍了本书的数据来源，使本书的研究建立在科学理论基础之上。

第一节 研究模型的构建

一、结构方程模型的介绍

结构方程模型（Structural Equation Model）是一种融合了因素分析和路径分析的多元统计技术，由学者 Joreskog 在 1973 年提出，实际上，结构方程模型是测量模型和结构模型的结合体，可以描述潜在变量与可测变量之间的关系。一般来说，潜在变量之间的因果效应分为直接效应和间接效应。直接效应是指自变量对因变量的直接影响，直接效用可以用两者之间的路径系数大小来衡量，间接效应是指自变量通过影响一个或者多个中介变量对因变量产生影响（温忠麟、刘红云、侯杰泰，2011）。由于结构方程模型能够更好地分析多个指标变量之间错综复杂的关系，而且可以估计整个模型和数据的拟合程度，因此，近年来，结构方程模型被广泛应用于经济学、管理学以及其他自然科学领域。

1. 结构方程式的表达式

结构方程式的表达式如下：

$$\eta = B\eta + \tau\xi + \zeta \quad (3-1)$$

$$y = \lambda_y \eta + \varepsilon \quad (3-2)$$

$$x = \lambda_x \xi + \delta \qquad (3-3)$$

在式（3-1）至式（3-3）中，η 是模型的内生潜在变量；ξ 是模型的外生潜在变量；η 的系数矩阵为 B，ξ 的系数矩阵是 τ，ζ 是结构模型的残差项；y 表示因变量的测量指标，是内生潜在变量 η 的观测变量；x 表示自变量的测量指标，是外生潜在变量 ξ 的观测变量。式（3-2）、式（3-3）为测量模型，式（3-1）为结构模型（姚缘，2013）。

2. 结构方程模型拟合度的评价指标及标准

结构方程模型适配度的评价指标有 χ^2/DF 值、RMSEA 值、RMR 值、GFI 值、AGFI 值、NFI 值、IFI 值、CFI 值、TLI 值，具体评价指标如表 3-1 所示：

表 3-1 结构方程模型适配度的评价指标及标准

序号	评价指标	评价标准	评价内涵
1	χ^2/DF 值	$\chi^2/DF<3$	适配良好
		$\chi^2/DF<5$	适配合理
2	RMSEA 值	RMSEA<0.05	适配良好
		RMSEA<0.08	适配合理
3	RMR 值	RMR<0.05	适配良好
		RMR<0.08	适配合理
4	GFI 值	GFI>0.90 以上	适配良好
5	AGFI 值	AGFI>0.90 以上	适配良好
6	NFI 值	NFI>0.90 以上	适配良好
7	IFI 值	IFI>0.90 以上	适配良好
8	CFI 值	CFI>0.90 以上	适配良好
9	TLI 值	TLI>0.90 以上	适配良好

资料来源：吴明隆. 结构方程模型——AMOS 的操作与应用 [M]. 重庆：重庆出版社，2009.

二、中介效应模型

本书采用 AMOS17.0 软件，采用依次检验法进行中介效应检验。参考方杰等（2012）、甘怡群（2014）等文献，建立以下三个回归方程及三个回归方程的模型图（见表3-1），具体如下：

$$Y = cX + e_1 \quad (3-4)$$
$$M = aX + e_2 \quad (3-5)$$
$$Y = c'X + bM + e_3 \quad (3-6)$$

式（3-4）至式（3-6）中，因变量为Y，自变量为X，中介变量为M。式（3-4）中c是X的回归系数，e_1是回归方程式（3-4）的回归残差；式（3-5）中a是X的回归系数，e_2是回归方程式（3-5）的回归残差；式（3-6）中c'是X的回归系数，b是中介变量M的回归系数，e_3是回归方程式（3-6）的回归残差。

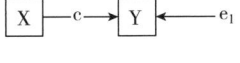

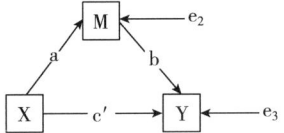

图3-1 回归方程的模型

采用依次检验法分别检验式（3-4）、式（3-5）、式（3-6）三个方程中的回归系数，程序如下：

第一，首先检验回归方程式（3-4）中的回归系数c是否显著，若是显著，那么接着验证回归方程式（3-5）；若是回归系数c不显著，说明自变量X对因变量Y没有产生影响，那么停止中介效应检验。

第二，检验回归方程式（3-5）的回归系数a，如果回归系数a显著，则继续检验回归方程式（3-6）；若是回归系数a不显著，则停止中介效应检验。

第三，如果前两步回归方程都通过了显著性检验，接着检验回归方程式（3-6）的回归系数b，若是回归系数b显著，那么说明中介效应显著。

第四，在前三步检验基础之上，检验回归系数c'。若是c'显著，则说明中介变量M在自变量X和因变量Y之间产生不完全中介效应；若是c'不显著，则说明中介变量M在自变量X和因变量Y之间产生完全中介效应。

本书以生计风险管理作为中介变量，验证了生计风险管理整体在生计资本与农村移民可持续生计之间的中介作用以及生计风险管理的三个维度（生计风险识别、生计风险评估、生计风险治理）的中介作用，具体如图 3-2 所示：

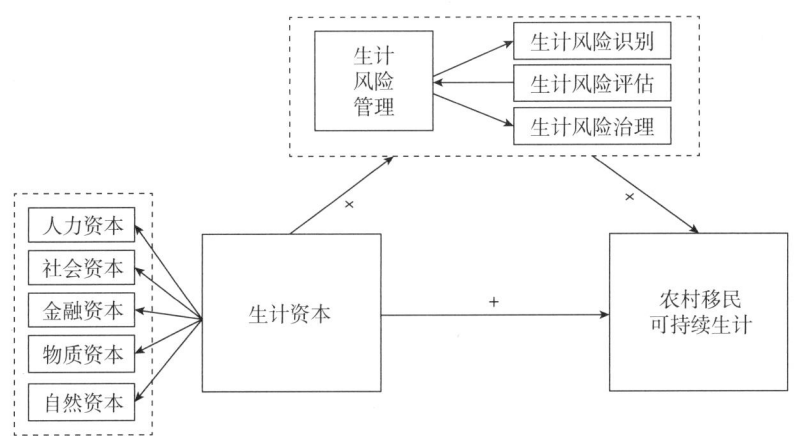

图 3-2　生计风险管理的中介效应模型

三、调节效应模型

本书运用 SPSS19.0 软件建立调节效应模型。在统计回归分析中，检验变量的调节效应需要检验调节变量和自变量之间的交互效应是否显著。基于本书的研究目标，本书需要检验制度环境的调节效应模型，具体如式（3-7）所示：

$$Y = aX_{sjzb} + \beta M_{zdhj} + \gamma M_{zdhj} X_{sjzb} + \varepsilon \tag{3-7}$$

式（3-7）中，Y 是模型的因变量，表示农村移民可持续生计水平，X_{sjzb} 是模型的自变量，代表生计资本，M_{zdhj} 是模型的调节变量，$M_{zdhj}X_{sjzb}$ 为调节效应，其中，α 是 X_{sjzb} 的回归系数，β 是 M_{zdhj} 的回归系数，γ 是 $M_{zdhj}X_{sjzb}$ 的回归系数，可以衡量调节效应的大小。判断调节效应是否显著，需要看 γ 是否显著。

本书的研究模型如图 3-3 所示,图中生计资本为自变量,生计资本包括人力资本、金融资本、社会资本、物质资本以及自然资本,因变量为可持续生计,中介变量为生计风险管理,调节变量为制度环境。本书探讨了三峡库区农村移民可持续生计的影响因素,具体从五个方面展开研究:第一,研究生计资本对农村移民可持续生计的影响;第二,研究生计资本对生计风险管理的影响;第三,研究生计风险管理对可持续生计的影响;第四,研究生计风险管理在生计资本与可持续生计之间的中介效应;第五,研究制度环境在生计资本与可持续生计之间的调节效应。

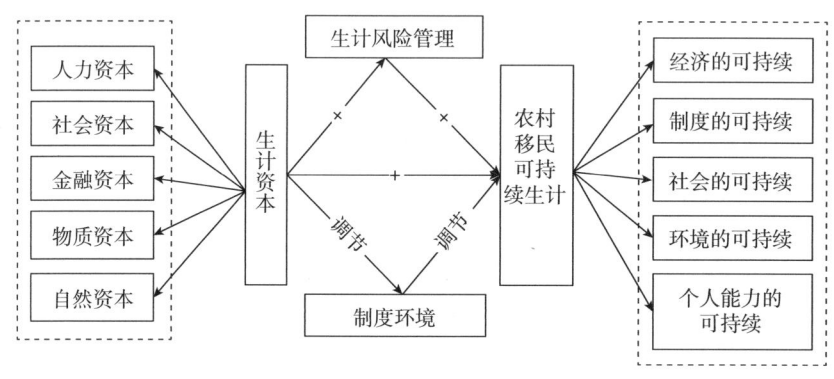

图 3-3 研究模型

第二节 变量选择及测量

一、可持续生计变量的测量

因变量为可持续生计水平 (SJSP)。Chambers 等 (1992) 认为,农户的可持续生计是指农户不仅有能力应对外部冲突和压力,而且能够在不破坏原有自然资源的前提下,生计资产以及自身能力呈现出维持或不断增加的良好态势。DFID (2000) 等将农户的可持续生计划分为四个维度:第一，环境的可持续。环境的可持续是指随着时间的流逝，维持生计的自然资源处于不断增加或维持的状态。第二，经济的可持续。经济的可持续是指随着时间的流逝，既定的收入水平以及支出水平处于不断增加或保持的状态。第三，社会的可持续。社会的可持续是指社会呈现出社会排斥不断减少，社会公平不断增加的和谐状态。第四，制度的可持续。制度的可持续是指从长远来看，政府能够有效履行自身职责，有能力对社会资源进行有效管理。

结合三峡库区农村移民的访谈调查结果以及结合专家意见，同时参考DFID（2000）、Mahdi等（2009）、袁斌（2009），本书在可持续生计量表四个维度基础之上，新增了一个维度，即个人发展能力的可持续性。因此，可持续生计的测量指标主要从环境可持续性、经济的可持续性、社会的可持续性、制度的可持续性、个人能力的可持续性五个维度进行测量，具体如表3-2所示：

表3-2 可持续生计的测量

变量	维度	题项	变量名称	来源或依据
可持续生计	经济的可持续性	稳定的经济来源是我的生活保障	SJ1	DFI（2000）；Mahdi等（2009）；袁斌（2009）
	制度的可持续性	政府能够有效履行自身职责，为我提供社会保障，是维持长远生计的重要方面	SJ2	
	社会的可持续性	社会和谐是维持长远生计的重要条件	SJ3	
	环境的可持续性	当地的生态环境是维持长远生计的重要基础	SJ4	
	个人发展能力的可持续性	对于我的长远生计，我需要不断提高自身的能力，增强自身的竞争能力	SJ5	

二、生计资本变量的测量

Scoones（1998）认为，生计资本包括自然资本、金融资本、人力资本、社会资本、物质资本五个维度，国内外学者普遍都比较认可这一观点。鉴于生计资本的复杂性和多样性，国内外不同学者运用不同指标，对生计资本的五个维度进行了度量，但是学界目前尚未形成生计资本公认的测量量表。本书结合我国三峡库区农村移民生计现状，将自然资本、金融资本、人力资本、社会资本、物质资本作为测量农村移民生计资本的测量指标，探讨生计资本对农村移民可持续生计的影响。

1. 自然资本的测量

自然资本主要包括维持人们现在生计或未来生计需要的有价值的产品流或服务流的自然资源（Daly，1996），如耕地面积、耕地质量、水资源、矿产资源等。国外学者 Merritt 等（2016）将公共资源、耕地面积、耕地质量以及水的质量作为测量自然资本的指标；Knutsson（2006）将灌溉设施作为测量自然资本的重要指标；国内学者杨云彦、赵锋（2009），赵锋（2015）将耕地面积、耕地质量作为测量自然资本的指标；任义科、杜海峰、白萌（2011）将土地数量和土地质量作为测量自然资本的指标。基于以上研究，同时结合三峡库区农村移民生计现状以及专家意见，将耕地面积（NC1）、耕地质量（NC2）、灌溉设施（NC3）的使用情况作为测量自然资本的指标。

2. 金融资本的测量

金融资本是指实现人们生计目标的金融资源，如现金收入、银行存款、库存现金、其他货币资金等。国外学者 Muhammad 等（2015）将现金收入、获得贷款的渠道、储蓄以及其他经济资源作为测量金融资本的指标。国内学者杨云彦和赵锋（2009）将年现金收入、融资渠道、获得政府救助与补贴作为测量金融资本的指标；伍艳（2015）将家庭年收入、获得信贷的机会、获得补贴的机会三个变量作为度量金融资本的指标。基于上述研究，同时结合农村移民生产生活现状以及专家意见，金融资本的测量主要采用农村移民家庭的年现金收入（FC1）、存款情况（FC2）、获得政府补助情况（FC3）三个指标来测算，其中年现金收入主要包括他们出售农产品获取的现金收入、外出务工获取的工资性收入、自主创业获取的现金收入、获得政府的补贴、养老金等，这是农村移民金融资本的主要来源（见表3-3）。

表 3-3　生计资本的测量

变量	维度	题项	变量名称	来源或依据
生计资本	自然资本	您家有几亩耕地？（1）0亩；（2）1~2亩；（3）3~5亩；（4）6~8亩；（5）9亩及以上	NC1	Merritt等（2016）；Knutsson（2006）；杨云彦和赵锋（2009）；赵锋（2015）；任义科等（2011）
		您家的耕地质量很好，给家庭增加了很多收入	NC2	
		您家灌溉设施的使用非常方便，能满足日常农业生产需要	NC3	
	金融资本	您家庭的年现金收入是多少？（1）5000元以下；（2）5000~10000元；（3）10000~20000元；（4）20000~30000元；（5）30000~40000元；（6）50000元以上	FC1	Muhammad（2015）；杨云彦和赵锋（2009）；伍艳（2015）
		您家的存款有多少？（1）1万元以下；（2）1万~2万元；（3）3万~4万元；（4）3万~6万元；（5）7万~8万元；（6）9万元及以上	FC2	
		您获得过政府补助吗？（1）是（2）否	FC3	
	人力资本	您的文化程度？（1）小学及以下；（2）初中；（3）高中或中专；（4）大专；（5）本科；（6）硕士及以上	HC1	Flora（2001）；Mahdi等（2009）；Edward（2013）；李聪等（2013）
		您学习了很多技能，您掌握的这些技能有助于提高您的生计水平	HC2	
		目前家里劳动力有多少人？	HC3	
	社会资本	您拥有很多交往频繁的家人和亲戚	SC1	Vincent（2007）；Minamoto（2010）；Muhammad（2015）；郭红东和丁高洁（2012）；丁高洁（2013）
		您拥有很多交往频繁的朋友及其他人	SC2	
		您可以得到很多家人、亲戚朋友及其他人的信任和支持	SC3	
		您经常获得政府部门的扶持和救助	SC4	

续表

变量	维度	题项	变量名称	来源或依据
生计资本	物质资本	您家所拥有的生产工具较多,这些生产工具能够极大改善农业生产状况	MC1	Knutsson(2006);任义科等(2011);蒙吉军等(2013);郭圣乾和张纪伟(2013);伍艳(2015)
		您家所拥有的生活资产较多,这些生活资产能够极大改善您的生计状况	MC2	
		搬迁后,您所在地区的基础设施状况得到了较大改善,极大地改善了您的生产生活状况	MC3	

3. 人力资本的测量

20世纪60年代,美国著名经济学家Schultz首次提出"人力资本"的概念。Schultz认为人力资本是对人的投资而形成的,主要体现为人的知识、技能、经历、经验和熟练程度,如受教育程度、技能水平等属于人力资本的范畴。Flora(2001)提出,人力资本包括家庭中劳动力数量、身体状况和教育状况。Mahdi等(2009)认为,人力资本包括教育水平、劳动力数量两个维度。Edward(2013)认为,人力资本包括教育水平、技能水平、劳动力数量、身体状况等方面;李聪等(2013)认为,人力资本包括劳动力数量、平均受教育年限、是否参加非农培训等多个维度。基于三峡库区农村移民的访谈调查结果,同时结合专家意见,本书将教育水平、技能水平、劳动力数量三个指标作为度量人力资本的指标(见表3-3)。

4. 社会资本的测量

社会资本是指人们为了实现其生计目标所使用的社会资源,如个人资源、商业资源、政府资源等。一个人能从这些关系中获取的利益越高,那么他的社会资本就越高。国外学者Vincent(2007)认为,社会资本包括社会网络、团体成员、信任关系、组织机构之间的交流。Minamoto(2010)将"人们彼此之间相互帮助""人们彼此之间相互信任""家人和亲戚之间联系紧密"作为测量社会资本的重要指标。Muhammad(2015)等将"社会成员之间的关系""社会支持"以及"各种社会组织的会员身份"作为度量社会资本的测量指标;国内学者郭红东和丁高洁(2012)用"强关系规模""弱关系规模""创业亲友资源""相关部门任职亲友资源""是否加入农民专业合作社""是否是信用社成员"作为测量社会资本的指标。国内学者丁高洁（2013）采用李克特五级量表，设置了9个题项来测量社会资本，分别是："春节期间，联系密切的亲戚有多少人""春节期间，联系密切的朋友有多少人""春节期间，联系密切的其他人有多少人""我拥有很多来往频繁的家人和亲戚""我拥有很多来往频繁的朋友""我和绝大部分家人、亲戚互相信任""我和绝大部分朋友互相信任""我可以得到很多家人和亲戚的支持""我可以得到很多朋友的支持"。基于以上研究成果，同时基于三峡库区农村移民生计现状以及结合专家意见，本书主要借鉴丁高洁（2013）的研究，加入了政策资本的维度，使用4个题项来测量社会资本，社会资本的具体题项用李克特五点量表来打分（见表3-3）。

5. 物质资本的测量

物质资本是指人们为了实现其生计目标所使用的物质资源，如生产工具、生活用具等。国外学者Knutsson（2006）将基础设施的可利用性、住房资产、交通工具作为测量物质资本的指标；国内学者任义科等（2011）将房屋数量、房屋质量及家庭拥有的设施、设备作为测量物质资本的指标；蒙吉军等（2013）将生活资产、生产资产、住房资产、牲畜资产作为测量物质资本的指标；郭圣乾和张纪伟（2013）将住房情况、生产工具、公共基础设施作为测量物质资本的指标；国内学者伍艳（2015）将生产工具、住房质量、交通工具、牲畜数量作为测量物质资本的指标。参考上述研究成果，同时根据调研的情况以及结合专家意见，将物质资本指标主要从生活资产（MC1）、生产资产（MC2）、基础设施状况（MC3）三个维度进行测量。根据研究变量设计，本书修订后的生计资本问卷共16个题项，具体如表3-3所示。

三、生计风险管理变量测量

生计风险管理是指个体或家庭在生产和生活中所遭遇到的一切不确定性的可能情况，个体或家庭能有效地识别生计风险、评估生计风险以及控制生计风险的过程，力争以最小的成本达到最大地分散风险的效果。国外学者Acs等（1985）认为，风险管理主要包括以下六个题项："有效识别身边潜在生计风险""有效识别风险所带来的危害""分析测量与这些风险相关的损失""选择最有效处理这些风险的替代方法""能够有效实施选择的这些方法""能够监测这些结果"；Rajbhandari等（2011）认为，风险管理包括风险识别、风险评估以及风险治理三个维度，其中风险识别主要有生计资产识别、生计风险识别、生计脆弱性识别、风险结果识别四个维度；风险评估主要包括风险结果评估、风险发生的概率的评估、风险的级别的评估三个维度；风险治理主要包括风险处理能力、风险承受能力、风险监控能力三个维度。国内学界关于生计风险管理的相关研究较少，对于生计风险管理的相关测量指标也较少，陈传波（2004）、刘学文（2011）指出，风险管理主要包括风险识别、风险评估以及风险治理三个维度。参考上述研究成果，同时根据调研的情况以及结合专家意见，本书农村移民的生计风险管理变量主要从生计风险识别、生计风险评估以及生计风险治理三个维度进行测量。生计风险管理变量的测量题项如表3-4所示：

表3-4 生计风险管理的测量

变量	维度	题项	变量名称	来源或依据
生计风险管理	生计风险识别	您能够有效识别身边潜在的风险，如养老风险、医疗风险、教育风险等	SBFX1	Acs等（1985）；Rajbhandari等（2011）；陈传波（2004）；刘学文（2011）
		您能有效识别潜在生计风险所带来的危害以及判断风险大小	SBFX2	
		您能有效识别潜在生计风险造成的原因	SBFX3	
	生计风险评估	您能够非常准确地估计潜在风险发生的次数、具体特征	PGFX1	
		您能够非常准确地分析测量与这些风险相关的损失	PGFX2	
		您总是能够合理确定自己能否承受这些损失	PGFX3	
	生计风险治理	您总是能够找到规避生计风险的有效决策	ZLFX1	
		您总是能够实施所选择的这些方法，来规避风险	ZLFX2	
		您总是能够实时监测规避生计风险的结果	ZLFX3	

四、制度环境变量测量

本书所指的制度环境是指政府为促进农村移民安稳致富，而制定的相关政策或措施，如创业政策、金融政策、税收政策、贷款政策、培训政策、补贴政策等。学界关于制度环境的测量指标主要围绕宏观经济、区域经济、产业经济展开，而对微观个体制度环境的相关研究相对较少。朱红根（2013）将基础设施、经济环境、投资环境、政府支持作为测量制度环境的指标；周立新（2012）将政府制定的创业培训政策、税收政策、贷款政策以及创建的帮扶体系、基础设施建设等作为测量制度环境的指标。本书主要依据三峡库区后续工作规划，同时结合农村移民生计发展现状，将制度环境分为经济环境、社会环境两个维度。制度环境变量主要从经济环境、社会环境两个维度进行测量。制度环境变量的测量题项如表3-5所示：

表3-5 制度环境的测量

变量	维度	题项	变量名称	来源或依据
制度环境	经济环境	政府为移民提供优惠的税收政策、贷款政策等	JJHJ1	周立新（2012）；朱红根（2013）；三峡库区后续工作规划
		政府积极为移民就业搭建平台，提供很多机会就业	JJHJ2	
		政府注重对移民的就业培训、技能培训	JJHJ3	
	社会环境	政府重视移民的社会保障问题，积极为移民办理养老保险、医疗保险等保险	SHHJ1	
		政府重视移民小区的供水供电、道路交通、通信等基础设施的建设与完善	SHHJ2	
		政府注重移民社区建设与公共服务设施的完善	SHHJ3	

第三节　数据来源

一、样本选择

本书涉及的研究对象主要指农村移民，调查区域以三峡库区的移民大区——万州区为主，同时调查了开州、云阳县、巫山县、奉节县、涪陵区等15个区县的农村移民。①

二、数据收集方法

本书的数据收集方法主要以实地问卷调查为主，少量问卷以电子问卷的方式发放。② 笔者于2016年6月设计完成了《三峡库区移民可持续生计状况的调查问卷》（见附录1）。2016年7~9月，笔者以及部分调研员赴三峡库区对移民的生计状况进行调研。③ 为了确保问卷质量，实地调研时，主要采取了两种方式：第一，对于年龄较大、文化程度较低的农村移民，采取边问边填的方式进行；第二，对于年轻的、文化程度较高的农村移民，让他们自己填写，调研员在旁边协助指导填写的方式进行。

---

① 三峡库区农村移民安置方式主要有后靠安置、进城镇安置、外迁安置、二三产业安置、教育培训安置等多种类型。本书的农村移民主要包括后靠安置、进城镇安置、二三产业安置、教育培训安置的农村移民，不包括外迁的农村移民。

② 本次调研，以到移民家庭现场发放问卷为主，总共发放650份，少量问卷以QQ或者E-mail的形式发放，总共发放20份。本次调研得到了重庆工商大学长江上游经济研究中心、国家社会科学基金重大招标项目"三峡库区独特地理单元'环境—经济—社会'发展变化研究"（11&ZD161）、国家社科基金"长江上游流域典型水利水电库区移民后续生计调查与比较研究"（14CJL031）的资助。

③ 2016年7~9月，笔者和20名学生到三峡库区对移民的生计状况进行了调研。在调研前，笔者对20名学生进行了培训。培训结束后，分成几个调研小组到三峡库区的不同区县调研。

三、样本量的确定

本书自变量五个，中介变量一个，因变量一个，调节变量一个，总共测量题项有36个。正式问卷总共发放650份，回收650份，问卷的回收率为100%。① 在进行数据处理时，去掉因数据缺失、极端化等因素导致的无效问卷10份，最终确定有效问卷640份，问卷有效率达99%，其中城镇移民320份，农村移民320份。本书选取了320份农村移民的调研数据。吴明隆（2012）提出若想达到理想结构方程模型的分析结果，样本量最好大于200，本样本为320，完全符合结构方程建模要求。②

第四节 问卷设计

本书在问卷的设计上，主要参考国内外比较成熟的量表，同时结合农村移民生计现状，对各个变量的量表进行设计。因此，本书的量表主要包括英文量表、中文量表以及自行开发的量表。针对国外量表存在的语言和文化方面的差异，本书在设计量表时，咨询了部分英语专业的博士，将英文量表翻译过来，同时结合农村移民生计现状，将量表转换成通俗易懂的语言，便于被调查者作答。③ 由国内学者开发得比较成熟的中文量表，则直接采用。问卷设计完之后，重庆工商大学博士生导师团队对问卷的科学性和有效性进行了深入的探讨，最后提出如下修改意见：

第一，英文量表翻译过来时，尽量翻译成通俗易懂的语言，同时不能完全照搬，应结合三峡库区农村移民生计现状，适当改进。如可持续生计的量表，在参考国外量表的基础之上，增加了1个题项：对于我的长远生计，我需要不断提高自身的能力，增强自身的竞争能力。

---

① 由于本次问卷调查主要采取现场发放，现场回收的方式进行，因而问卷的回收率为100%。
② 吴明隆. 结构方程模型：SIMPLIS 的应用 [M]. 重庆：重庆大学出版社，2012.
③ 由于农村移民普遍文化程度较低，因此，附录中的调查问卷在实地调研时，对部分题项的语言表达做了适当调整。

第二,生计资本量表设计时,专家建议不能完全照搬国外农户生计资本的量表,应结合三峡库区农村移民生计资本现状进行设计。国内关于农民生计资本的量表较多,但是关于农村移民生计资本量表很少,鉴于农民与农村移民的共性,专家建议,生计资本部分量表可以借鉴农民生计资本的量表。

初始问卷主要包括三个部分:第一,调查指导语,包括本次调查的目的、调查者的身份;第二,调查内容,主要包括调查者的基本信息,如年龄、性别、婚姻状况等;第三,各个变量的测量量表,包括因变量(可持续生计)的测量量表、自变量(生计资本)的测量量表、中介变量(生计风险管理)的测量量表、调节变量(制度环境)的测量量表(详见附录:《三峡库区移民可持续生计状况的调查问卷》)。本书大部分量表主要采用李克特五点式量表,具体度量如下:完全不符合=1,大部分不符合=2,一半符合=3,大部分符合=4,完全符合=5。

第五节 问卷的信度和效度分析

在正式问卷开始调查之前,笔者通过小样本调查对问卷进行预调研,通过对预调研数据的统计分析,对调查问卷的信度和效度进行初步验证,并根据被试者对问卷的反馈情况对问卷再次进行适当修正。预调研开始于 2016 年 8 月,首先通过实地调研的方式,笔者在重庆市万州区发放 120 份问卷;其次运用 SPSS19.0 软件对预调研数据的各个变量量表进行了信度检验,运用结果表明对小样本测试收集数据的信度和效度较高;最后,开始正式问卷的调查,正式问卷的信度和效度分析结果如下:

一、正式问卷的信度分析

本书使用 SPSS19.0 对问卷的信度进行了检验,如表 3-6 所示:生计资本、生计风险管理、可持续生计、制度环境各个分量表的 Cronbach's α 值分别为 0.869、0.852、0.748、0.809。具体表现为:第一,生计资本的五个维度的 Cronbach's α 值分别为 0.913、0.750、0.703、0.706、0.704,

均大于 0.70，这说明生计资本量表的信度较高。第二，生计风险管理的三个维度的 Cronbach's α 值分别为 0.790、0.813、0.850，均大于 0.70，这说明生计风险管理量表的信度较高。第三，正式问卷的整体量表的 Cronbach's α 值为 0.910，大于 0.70，这说明正式问卷的信度很高。

表 3-6　整体量表的信度分析结果

变量类型	变量名称	Cronbach's α 值	题项数量	参考范围	信度分析结果
自变量	整体：生计资本	0.869	16 个	>0.70	信度很好
	维度 1：社会资本	0.913	4 个	>0.70	信度很好
	维度 2：人力资本	0.750	3 个	>0.70	信度较好
	维度 3：金融资本	0.703	3 个	>0.70	信度较好
	维度 4：自然资本	0.706	3 个	>0.70	信度较好
	维度 5：物质资本	0.704	3 个	>0.70	信度较好
中介变量	整体：生计风险管理	0.852	9 个	>0.70	信度很好
	维度 1：生计风险识别	0.790	3 个	>0.70	信度很好
	维度 2：生计风险评估	0.813	3 个	>0.70	信度很好
	维度 3：生计风险治理	0.850	3 个	>0.70	信度很好
调节变量	制度环境	0.809	6 个	>0.70	信度很好
因变量	可持续生计	0.748	5 个	>0.70	信度较好
	正式问卷的整体量表	0.910	36 个	>0.70	信度很好

二、正式问卷的效度分析

为了提高问卷量表的效度，本书尽量采用国内外文献已使用过的成熟量表，并经预调查和专家研讨论证，设计了问卷。设计完问卷后，首先，本书将问卷进行了预调研，并对预调研的问卷进行了信度和效度分析，并形成正式问卷；其次，开始正式的问卷调查；最后，运用 AMOS17.0 软件对正式问卷进行了验证性因子分析。

1. 生计资本的验证性因子分析结果

本书采用 AMOS17.0 软件对生计资本变量进行了验证性因子分析。在验证性因子分析结果中,本书使用绝对拟合指数(X^2/DF、GFI、AGFI、RMSEA)以及相对拟合指标(CFI、IFI、NFI)等指标来衡量评价模型的拟合程度。生计资本变量的验证性因子分析结果如表3-7和表3-8所示:第一,在模型的拟合效果方面,X^2/DF 值为2.558,低于3,处于可接受的范围,这说明模型适配合理;GFI、CFI、IFI、NFI 值分别为0.917、0.950、0.950、0.921,均大于0.90,AGFI 值为0.882,接近临界值0.90,处于模型可接受的范围,RMSEA 值为0.070,低于0.08。这说明生计资本的验证性分析的拟合结果较好。第二,社会资本、人力资本、自然资本、物质资本、金融资本与其对应题项的标准化系数估计值均在0.60以上,估计值均在0.6~1.0,这表明生计资本各个测量题项的整体信度在模型可接受的范围之内(见表3-8)。

表3-7 生计资本的验证性因子分析模型的拟合指标

拟合指标	X^2/DF	GFI	AGFI	NFI	CFI	IFI	RMSEA
标准值	<3	>0.90	>0.90	>0.90	>0.90	>0.90	<0.08
结构模型	2.558	0.917	0.882	0.921	0.950	0.950	0.070

表3-8 生计资本各个变量间系数估计情况

路径	标准化的参数估计值	S.E.	C.R.	P值
金融资本←生计资本	0.826	0.312	6.081	***
人力资本←生计资本	0.730	0.316	5.795	***
自然资本←生计资本	0.642	0.350	5.971	***
物质资本←生计资本	0.797	0.309	6.197	***
社会资本←生计资本	0.610	—	—	—
hc3←人力资本	0.658	0.148	8.226	***
hc2←人力资本	0.616			
hc1←人力资本	0.654	0.145	7.430	***

续表

路径	标准化的参数估计值	S.E.	C.R.	P值
nc3←自然资本	0.882	0.068	16.275	***
nc2←自然资本	0.853	—	—	—
nc1←自然资本	0.601	0.091	7.289	***
mc3←物质资本	0.785	0.097	12.768	***
mc2←物质资本	0.733	—	—	—
mc1←物质资本	0.736	0.078	12.078	***
sc4←社会资本	0.925	—	—	—
sc3←社会资本	0.939	0.039	25.107	***
sc2←社会资本	0.724	0.052	16.251	***
sc1←社会资本	0.717	0.054	15.999	***
fc2←金融资本	0.704	—	—	—
fc1←金融资本	0.610	0.121	7.030	***
fc3←金融资本	0.603	0.039	5.336	***

注：***表示显著性水平 P<0.001，S.E.表示标准误差，C.R.表示临界比。

2. 生计风险管理的验证性因子分析结果

本书采用 AMOS17.0 软件对生计风险管理变量进行了验证性因子分析。在验证性因子分析结果中，本书使用绝对拟合指数（X^2/DF、GFI、AGFI、RMSEA）以及相对拟合指标（CFI、IFI、NFI）等指标来衡量评价模型的拟合程度。生计风险管理结构维度的验证性因子分析结果如表 3-9、表 3-10 所示：第一，在模型的拟合效果方面，X^2/DF 值为 2.580，低于 3，这说明模型适配合理；GFI、AGFI、NFI、CFI、IFI 值分别为 0.968、0.924、0.981、0.988、0.988，均大于 0.90，RMSEA 值为 0.070，低于 0.08。这说明生计风险管理的验证性分析模型的拟合结果较为理想。第二，生计风险识别、生计风险评估、生计风险治理与其对应题项的标准化系数估计值基本在 0.80 以上，这表明生计风险管理各个测量题项的整体信度较高（见表 3-10）。

表 3-9 生计风险管理的验证性因子分析模型的拟合指标

拟合指标	x^2/DF	GFI	AGFI	NFI	CFI	IFI	RMSEA
标准值	<3	>0.90	>0.90	>0.90	>0.90	>0.90	<0.08
结构模型	2.580	0.968	0.924	0.981	0.988	0.988	0.070

表 3-10 生计风险管理各个变量间系数估计情况

路径	标准化参数估计值	S.E.	C.R.	P 值
生计风险识别←生计风险管理	0.898	0.062	16.630	***
生计风险评估←生计风险管理	0.948	—	—	—
生计风险处理←生计风险管理	0.849	0.060	13.595	***
SBFX3←生计风险识别	0.927	—	—	—
SBFX2←生计风险识别	0.812	0.045	17.942	***
SBFX1←生计风险识别	0.743	0.055	13.354	***
PGFX3←生计风险评估	0.884	—	—	—
PGFX2←生计风险评估	0.895	0.045	22.503	***
PGFX1←生计风险评估	0.866	0.046	21.147	***
ZLFX3←生计风险治理	0.789	—	—	—
ZLFX2←生计风险治理	0.908	0.062	18.712	***
ZLFX1←生计风险治理	0.933	0.063	19.291	***

注：***表示显著性水平 P<0.001，S.E. 表示标准误差，C.R. 表示临界比。

3. 制度环境的验证性因子分析结果

本书采用 AMOS17.0 软件对制度环境变量进行了验证性因子分析。从表 3-11 和表 3-12 可知，制度环境的一阶验证性因子分析结果表明：第一，从表 3-11 可知，模型的拟合效果如下：x^2/DF 值为 1.930，低于 3，处于可接受的范围，这说明模型适配合理；GFI、AGFI、NFI、CFI、IFI 的值分别为 0.988、0.982、0.987、0.994、0.994，均大于 0.90；RMSEA 值为 0.054，低于 0.08。这说明制度环境的验证性分析的测量模型较为理想。第二，经济环境、社会环境与其对应题项的标准化系数估计值均在 0.60 以上，这表明制度环境各个测量题项的整体信度较高（见表 3-12）。

表 3-11　制度环境的验证性因子分析模型的拟合指标

拟合指标	χ²/DF	GFI	AGFI	NFI	CFI	IFI	RMSEA
标准值	<3	>0.90	>0.90	>0.90	>0.90	>0.90	<0.08
结构模型	1.930	0.988	0.982	0.987	0.994	0.994	0.054

表 3-12　制度环境各个变量间系数估计情况

路径	标准化参数估计值	S.E.	C.R.	P 值
SHHJ3←社会环境	0.918	0.107	11.520	***
SHHJ2←社会环境	0.822	0.087	11.705	***
SHHJ1←社会环境	0.610	—	—	—
JJHJ3←经济环境	0.713	0.064	13.519	***
JJHJ2←经济环境	0.859	0.065	15.115	***
JJHJ1←经济环境	0.844	—	—	—

注：*** 表示显著性水平 P<0.001，S.E. 表示标准误差，C.R. 表示临界比。

4. 可持续生计的验证性因子分析结果

本书采用 AMOS17.0 软件对可持续生计进行了验证性因子分析。在验证性因子分析结果中，本书使用绝对拟合指数（χ^2/DF、GFI、AGFI、RMSEA）以及相对拟合指标（CFI、IFI、NFI）等指标来衡量评价模型的拟合程度。从表 3-13 和表 3-14 可知，可持续生计的验证性因子分析结果表明：第一，χ^2/DF 值为 2.127，低于 3，处于可接受的范围，这说明模型适配合理；GFI、NFI、CFI、IFI、AGFI 的值分别为 0.992、0.984、0.991、0.991、0.960，均大于 0.90，RMSEA 值为 0.059，低于 0.08。这说明可持续生计的验证性分析的测量模型较为合理。第二，可持续生计五个维度对应题项的标准化系数估计值基本在 0.60 以上，这表明各个测量题项的整体信度较高（见表 3-14）。

表 3-13　可持续生计的验证性因子分析模型的拟合指标

拟合指标	χ²/DF	GFI	AGFI	NFI	CFI	IFI	RMSEA
标准值	<3	>0.90	>0.90	>0.90	>0.90	>0.90	<0.08
结构模型	2.127	0.992	0.960	0.984	0.991	0.991	0.059

表 3-14 可持续生计各个变量间系数估计情况

路径	标准化的系数估计值	S.E.	C.R.	P 值
SJ1←可持续生计	0.717	—	—	—
SJ2←可持续生计	0.768	0.103	10.510	***
SJ3←可持续生计	0.609	0.076	6.344	***
SJ4←可持续生计	0.611	0.084	4.672	***
SJ5←可持续生计	0.726	0.091	10.364	***

注：*** 表示显著性水平 $P<0.001$，S.E. 表示标准误差，C.R. 表示临界比。

本章小结

本章主要阐述了本书的模型构建、各个变量的选择及测量、数据来源、问卷的设计以及问卷的信度和效度检验。具体如下：第一，研究模型的构建。简要介绍了结构方程模型以及本书的研究模型：中介效应模型和调节效应模型。第二，变量选择及测量。参考国内外学者对生计资本、生计风险管理、制度环境、可持续生计等相关研究，选择确定生计资本、生计风险管理、制度环境以及可持续生计作为研究变量。同时，本书参考国内外比较成熟的量表以及结合三峡库区农村移民生计现状，对各个变量的量表进行设计，整体量表主要包括五个变量 16 个测量题项的生计资本量表、三个变量 9 个测量题项的生计风险管理量表、一个变量 6 个测量题项的制度环境量表、一个变量 5 个测量题项的农村移民可持续生计量表。第三，数据来源。本书数据来源于 2016 年 7~9 月笔者对三峡库区移民生计状况调研的一手数据。第四，问卷设计及问卷信度和效度检验。本书在问卷的设计上，主要参考国内外比较成熟的量表，同时结合农村移民生计现状，对问卷的各个量表进行了设计。问卷设计完之后，重庆工商大学博士生导师团队对问卷的科学性和有效性进行了深入的探讨，并经过预调研以及问卷的信度和效度检验，最终形成了正式问卷。同时，本章对正式问卷的信度和效度进行了分析，结果表明问卷各个量表的信度和效度较高。

第四章　三峡库区农村移民生计现状评价

在第三章中，主要对本书的变量选择及测量以及数据来源进行了介绍，同时，对问卷中各个分量表的信度和效度进行了分析，为本章研究三峡库区农村移民生计现状评价奠定了科学的基础。三峡库区农村移民的安置方式主要采取本地安置与异地安置、后靠安置与外迁安置、集中安置与分散安置、政府安置与移民自找门路安置等多种方式相结合。由于农村移民安置方式的多样化和阶段性的特征，加之库区生态环境脆弱，耕地资源匮乏以及农村移民自身素质等主客观因素的制约，导致了农村移民可持续生计发展具有复杂性的特征，因此研究三峡库区农村移民可持续生计问题，必须对农村移民生计现状进行深入分析。因而本章在全书中具有承上启下的作用，本章为研究三峡库区农村移民可持续生计影响因素及发展路径奠定良好的现实基础。

本章首先介绍了三峡库区农村移民搬迁安置情况；其次，基于三峡库区320户农村移民的调研数据，对农村移民的生计现状进行了评价，主要包括农村移民的就业现状、社会保障现状、生计资本现状、生计风险管理、可持续生计等方面。由于三峡库区农村移民的教育程度、婚姻状况、性别、思想观念和家庭背景等个体特征存在较大差异，导致农村移民生计发展现状存在较大的差异化和复杂性特征。因此，本章采取对比研究的方式，分析了农村移民和城镇移民的就业现状、社会保障现状、生计资本现状、生计风险管理现状的差异以及不同个体特征、不同生计类型的农村移民的生计资本现状、生计风险管理现状、可持续生计现状。通过这种对比研究的方式，可以深入剖析三峡库区农村移民生计现状。

第一节　三峡库区农村移民搬迁安置情况

三峡工程农村移民安置始于1985年，经过8年开发性移民试点，1993年进入全面实施阶段，1999年国务院作出调整三峡库区农村移民安置政策，加大外迁安置工作力度，同时加强库区生态环境保护工作，建立三峡库区产业发展基金，加大对移民的扶持力度，实施移民后期扶持政策，移民安置规划及概算调整等措施向农村移民安置倾斜，有力地推进了农村移民搬迁安置工作顺利进行和任务的完成。截至2009年12月底，三峡农村移民搬迁安置任务已全面完成。[①]

一、农村移民安置方式

根据三峡库区人多地少、移民安置容量不足的情况，采取本地安置与异地安置、后靠安置与外迁安置、集中安置与分散安置、政府安置与移民自找门路安置相结合的多元化安置方式。

1. 搬迁安置

三峡工程农村移民初设规划搬迁安置人口44.00万人，实施中因规划调整增加人口10.75万人，农村移民搬迁安置规划总人口两项合计为54.75万人。农村移民房屋建设规划总面积为1591.41万平方米。截至2009年12月底，三峡库区农村移民搬迁安置规划任务已全部完成。在已完成的搬迁安置农村移民547546人中，县内后靠安置348699人，占63.68%，出县外迁安置198847人，占36.32%。然而在县内后靠安置的348699人中，分散搬迁安置193565人，占55.51%；进农村居民点安置44619人，占12.80%；进县城安置66991人，占19.21%；进集镇安置43524人，占12.48%。

[①] 三峡库区农村移民安置情况参考国务院三峡办移民安置规划司的《三峡工程总结性研究系列成果》的内部资料。

2. 生产安置

三峡库区 20 区县规划农村移民生产安置人口 552202 人，截至 2009 年 12 月底，农村移民生产安置规划任务 552202 人已全部完成。其中，种植业安置 394290 人，占 71.40%；第二、第三产业安置 17275 人，占 3.13%；自谋职业安置 134357 人，占 24.33%；农田防护安置 5015 人，占 0.91%；养老保险安置 1265 人，占 0.23%。

二、农村移民安置实施情况

1992 年 4 月 3 日全国人大七届五次会议审议通过《关于兴建长江三峡工程的决议》后，三峡水库移民安置正式转入实施阶段。1993 年 1 月 3 日，国务院发出成立三峡工程建设委员会和成立长江三峡工程开发总公司的通知。1993 年 7 月 31 日，国务院三峡工程建设委员会批准《长江三峡水利枢纽初步设计报告》。1994 年 6 月国务院三峡工程建设委员会办公室正式颁布实行《规划大纲》，并指出："随着三峡工程进入正式施工准备阶段，库区移民将开始有计划地实施搬迁。"三峡枢纽工程建设总工期 17 年，按移民进度与枢纽工程施工进度相衔接的总体要求，水库移民安置分四期进行。各期农村移民安置任务实施情况如下：

1. 第一期（1993~1997 年）农村移民安置任务实施情况

根据长江委编制的移民安置规划，一期坝前 90 米水位接二十年一遇洪水回水线以下移民搬迁安置任务主要涉及湖北省宜昌、秭归、兴山、巴东和四川省巫山、奉节、云阳 7 个县、48 个乡镇、146 个村、5 座县城、19 座集镇和 120 家工矿企业。需搬迁安置城乡移民 29465 人、还建房屋面积 135.78 万平方米，其中农村移民 11593 人、房屋还建面积 31.09 万平方米。截至 1997 年 12 月底，国家累计安排二期三峡库区移民计划投资 41.27 亿元；累计完成移民投资 30.56 亿元、城乡移民搬迁安置 29048 人，其中农村移民 11593 人、还建农村移民房屋 31.09 万平方米。一期农村移民搬迁安置任务已全部完成，并于 1997 年 9 月完成验收。移民搬迁进度能够满足三峡工程 1997 年 11 月底大江截流的要求。

据监测，第一期农村移民搬迁后生产生活均得到妥善安置，移民住房面积比搬迁前普遍增加，用水、用电、交通、医疗、教育等条件比搬迁前有所改善，大多数已搬迁移民均已划拨土地，责任田已调整落实到户，新老居民关系比较融洽。

2. 第二期（1998~2003年）农村移民安置任务实施情况

根据长江委编制的移民安置规划，三峡工程二期移民任务，坝前90~135米水位接二十年一遇洪水回水线之间，涉及湖北省夷陵、秭归、兴山、巴东和重庆市巫山、奉节、云阳、万州、石柱、忠县、丰都、涪陵12个区县、93个乡镇、431个村、1036个村民小组。根据《长江三峡二期工程移民验收工作大纲》规定和验收委员会的统一部署，国务院三峡办移民工程验收组于2003年3~4月对三峡工程二期移民任务完成情况进行了终验。第二期农村移民安置任务生产安置142323人、搬迁安置124470人、房屋复建373.36万平方米。截至2002年12月底，三峡库区12个区县累计完成农村移民生产安置142542人、搬迁安置126078人、还建移民房屋面积374.37万平方米，分别占其二期任务量的100.15%、101.29%和100.27%。三峡工程二期农村移民安置进度较规划完成时间提前一年，并于2003年4月完成验收，能够满足三峡工程2003年汛后坝前135米水位蓄水、发电要求。

根据国务院三峡工程建设委员会《关于做好三峡工程在围堰挡水期汛后将水位提高到139米运行有关准备工作的通知》和三峡办移民监理咨询中心编制的《三峡水库2003年汛后蓄水至139米水位淹没影响调查报告》，三峡水库蓄水在135米水位的基础上提高到139米运行后淹没损失扩大，淹没涉及夷陵、秭归、兴山、巴东、巫山5区县、17个乡镇、128个村、373个村民小组，需提前搬迁安置农村移民（367户）1275人、还建房屋面积7678平方米。截至2003年10月20日，5区县139米水位线下移民迁建任务基本完成，能够满足三峡工程2003年汛后提高蓄水位至139米水位运行的要求。

三峡库区二期农村移民安置规划包干投资671777.87万元，农村移民搬迁安置实施过程中调增移民投资78957.89万元，二期农村移民安置补偿投资合计750735.77万元。截至2002年12月底，鄂渝两省市累计下达三峡库区二期农村移民安置计划投资802624.83万元，折合静态投资537127.40万元，占其二期农村移民安置补偿投资的71.55%；三峡库区累计完成二期农村移民安置计划投资769717.53万元，折合静态投资514543.60万元，占其二期农村移民安置补偿投资的68.54%。

据监测，移民安置区基础设施建设基本配套，已达到通水、通电、通路的要求。移民住房90%以上为砖混结构,人均住房面积由搬迁前的25平方米增加到35平方米。99%的移民户通电,70%以上移民户用上了自来水,移民户都能收听、收看到广播电视节目,移民上学、就医都比较方便。

3. 第三期(2004~2006年)农村移民安置任务实施情况

根据长江委编制的移民安置规划,三峡工程三期农村移民安置任务,坝前135~156米水位接二十年一遇洪水回水线之间,涉及湖北省夷陵、秭归、兴山、巴东和重庆市巫山、巫溪、奉节、云阳、万州、开县、忠县、石柱、丰都、涪陵、武隆、长寿、渝北、巴南、江津、重庆市区20个区县、277个乡镇、1680个村、6301个村民小组。农村移民安置任务生产安置89952人、搬迁安置97156人、房屋复建面积246.97万平方米。截至2006年12月底,累计完成三峡库区三期农村移民生产安置140107人、搬迁安置137490人、还建房屋面积300.51万平方米,分别占其三期任务量的155.76%、141.51%和121.68%。

第三期农村移民安置任务较规划提前一年全部完成,并于2006年8月完成验收。移民安置进度能够满足三峡工程坝前蓄水156米水位蓄水发电要求。三峡库区三期农村移民安置初设规划完成时间包干投资666123.83万元,2006年规划概算调整增加投资254963.22万元,三期农村移民安置补偿投资合计921087.05万元。截至2006年12月底,鄂渝两省市累计下达三期三峡库区20个区县农村移民安置计划投资1273246.65万元,折合静态投资836215.99万元,占其三期农村移民安置补偿投资的90.79%;20个区县累计完成农村移民安置计划投资1280474.07万元,折合静态投资840982.13万元,占其三期农村移民安置补偿投资的91.30%。

4. 第四期(2007~2009年)农村移民安置任务实施情况

根据长江委编制的移民安置规划,三峡工程四期农村移民搬迁安置任务,坝前156~175米水位接二十年一遇洪水回水线之间,涉及湖北省夷陵、秭归、兴山、巴东和重庆市巫山、巫溪、奉节、云阳、万州、开县、石柱、忠县、丰都、涪陵、武隆、长寿、渝北、巴南、江津、重庆市区20个区县、277个乡镇、1680个村、6301个村民小组。根据2007年三峡库区20个区县移民安置剩余任务量清理,三峡库区156~175米水位农村移民安置计划任务搬迁安置222006人、房屋复建面积608.71万平方米。截至2008年6月底,累计完成三峡库区20个区县搬迁安置156~175米水位农村移民搬迁安置221212人、房屋复建面积581.39万平方米,分别占其三峡库区 156~175 米水位计划任务量的 99.64% 和 95.51%。

根据《长江三峡四期移民工程阶段性验收和综合监理报告》，2006~2008 年湖北、重庆两省（市）累计下达三峡库区四期农村移民安置计划任务生产安置 98797 人、搬迁安置 91856 人、房屋复建面积 254.22 万平方米。2006~2008 年 6 月底，两省（市）累计完成农村移民生产安置 100105 人、搬迁安置 97760 人、房屋复建面积 237.48 万平方米，分别占其全库四期计划任务量的 101.32%、106.43%、94.42%。四期移民搬迁任务较规划完成时间提前一年，并于 2008 年 8 月完成验收，能满足三峡水库坝前水位 175 米试验性蓄水的要求。2008 年 9 月 28 日至 11 月 4 日期间坝前水位达到 172.8 米高程。

三、三峡库区农村移民安置的特点

移民工程是一项涉及社会、经济、自然、生态、环境的综合性系统工程，具有社会科学和自然科学双重属性。移民工作任务，主要是指实现移民区域社会经济、文化的恢复、重建，促进移民融入安置区社会，并使其生产生活水平达到或超过原有水平。三峡工程农村移民安置呈现如下特点：

1. 三峡库区农村移民安置的规模大

三峡库区农村移民安置人口达 55.07 万人，分布范围非常广泛，农村移民安置具有规模性的特征，具体如下：第一，农村移民人口数量庞大。农村移民安置人口 55.07 万余人，占全库区移民总人数的 43.96%。第二，农村移民人口分布范围广泛。三峡水库 175 米水位线下[①]，农村移民分布在鄂、渝两省市的 20 个区县、277 个乡镇、1680 个村、6301 个村民小组。第三，农村人口移民安置时间长。从移民搬迁工作历时 17 年，还经过了 8 年的试点工作。第四，移民安置迁建规模大。三峡库区规划农村移民搬迁建房总人口 439958 人，其中在本县（市、区）内建房人口 357409 人，占 81.24%。

---

① 经过专家的长期论证，以及审慎考虑三峡移民、泥沙淤积等综合因素，三峡工程分三个阶段进行蓄水，具体如下：第一次是 2003 年 6 月，三峡工程首次蓄水，坝前水位达到 135 米；第二次是 2006 年 9 月，三峡工程实行第二次蓄水，成功蓄至 156 米水位；第三次是 2008 年 9 月进行了第三次蓄水，成功蓄至 175 米水位。

2. 三峡农村移民安置的复杂性

一是农村移民地区客观因素复杂。该地区人多地少，库区生态脆弱，水土流失较为严重，现有耕地贫瘠、缺水，抗灾能力弱，农作物产量低，是全国连片贫困地区之一，加之受库区安置容量、生态环境、经济发展等因素制约，农村移民安置任务非常艰巨和复杂。

二是农村移民安置补偿复杂。与城市移民安置比较，三峡农村移民安置补偿类别多，补偿政策标准多元化。如库区20个县（市、区）农村移民安置补偿总投资602300万元中，生产安置补偿费310793万元，其中包括土地补偿费、小型水利设施补偿费。

三是农村移民安置途径和安置方式的多样性。农村移民安置方式的多样性，如本地安置与异地安置、后靠安置与外迁安置、集中安置与分散安置、政府安置与移民自找门路安置等；农村移民安置的多阶段性，如坝区移民、不同水位蓄水期的移民等。三峡库区农村移民规划生产安置人口404956人，通过环境容量分析和生产安置规划，规划农村移民在库区淹没涉及县（市、区）内安置322407人，占79.6%；规划出县安置82549人，占20.4%。规划本县内安置的农村移民322407人采取多种方式安置，其中，种植业安置196739人，占61.0%；养殖业安置6320人，占1.9%；第二、第三产业安置78625人，占24.4%；养老基金安置11871人，占3.7%；其他方式安置4389人，占1.4%；防护24463人，占7.6%。安置途径和方式的多样性，增加了农村移民安置难度。

四是微观移民主体差异化和复杂性。由于移民安置区农村居民受教育程度、思想观念和具体家庭背景不同，导致微观移民主体差异化和复杂性。

3. 三峡农村移民安置的社会性

三峡农村移民安置涉及区域经济、文化和社会结构的重组，是一个巨大的系统工程，具有显著的社会特点。农村移民搬迁安置，意味着移民失去家园、家业和赖以生存的土地，面临职业转型问题。由于历史原因，农村移民接受文化教育的程度普遍偏低、非农技术缺乏、在激烈竞争的劳务市场中产生就业、择业、创业难的问题，移民对国家的依赖性较强、期望值较高，导致社会矛盾问题发生。移民安置后又会产生对社会环境适应性差、文化和习惯的融合度低等社会问题，以及新移民社区社会、经济、文化和环境协调发展问题等。根据中国社会经济发展的需要，三峡库区移民工作社会经济必须实现跨越式发展,通过库区移民加快库区现代化和移民个体的现代化,与过去传统移民搬出去就完成了任务不同,三峡农村移民还担负着库区农村社会、经济、文化实现跨越性发展的任务,因此,农村移民的安稳致富是破解城乡二元经济和实现农村现代化的社会发展目标。

4. 三峡农村移民安置的系统性

农村移民安置具有系统性。作为三峡建设系统工程的一部分,三峡工程建设对库区农村移民安置具有系统性和连续性的刚性要求,围绕三峡工程建设和农村移民安置现代化发展两个目标,必然要求移民工作在搬迁和安置两个方面体现工作的系统性。从搬迁角度看,搬迁时间、搬迁区域、搬迁对象等工作的系统性直接关系到三峡工程的顺利进行。从安置的角度看,生产安置、生活安置、安置区域功能的恢复与发展等工作的系统性直接关系到移民生存发展和社会稳定。同时,在三峡农村移民搬迁安置过程中,涉及系统的移民安置政策支持、系统的管理协调和系统的投资建设等内容。三峡农村移民的复杂性决定了该工作不能简单地以某个模式或方式完成,必须把诸多政策、制度和投资方式有效结合,形成高效的运作系统,才能完成这项伟大而复杂的工程。

5. 三峡农村移民安置的政治性

三峡移民工程作为三峡工程的一部分,其政治性主要表现三峡工程作为中国巨大的综合水利工程,其本身是在党中央、国务院的直接领导下,各级地方政府精心组织建设的,三峡移民工程涉及民生问题和科学发展问题,也是农村移民进行新农村建设和社会主义现代化建设的典型案例。在实行开发性移民过程中,中央和地方出台了系统的政策、法规、制度和体系措施,以保证移民安置工作顺利进行、库区移民稳定和发展,其政策导向明显。

生计问题是最大的政治问题。三峡工程完成后,农村现代化发展、城市化、新农村建设等政治经济任务目标成为三峡农村移民安置后续工作的重要目标,为三峡移民后期工作赋予新的政治内涵。同时,世界人民也在关注中国政府和人民能否完成这一世界空前壮举,三峡工程规模大、移民工程难度大,是对中国人民的智慧和能力的考验,三峡移民安置的成功,尤其是农村移民安置的成功,也是中国在世界人民面前展示社会主义制度优越性和综合国力的典范。

第二节　三峡库区农村移民就业现状评价

三峡库区农村移民主要通过从事农业生产、外出务工、自谋职业、就近做零工等多种途径就业。基于三峡库区320户农村移民以及320户城镇移民的调研数据，本书对三峡库区农村移民的就业现状进行了分析，具体如下：第一，生计类型。从表4-1可知，在320个农村移民中，首先是打工类型农村移民的人数最多，占总数的31.6%；其次是务农类型的农村移民，占总数的28.8%；再次是创业类型的农村移民，占总数的23.4%；最后是多样化生计类型，占总数的16.2%。在320个城镇移民中，打工类型占总数的50.3%，创业类型占总数的32.5%，多样化类型占总数的11.3%，其他类型占总数的5.9%。这表明农村移民和城镇移民生计类型存在较大差异，三峡库区农村移民生计类型主要以打工和务农为主，城镇移民的生计类型主要以打工和创业为主，生计发展均呈现出多样化趋势。第二，收入水平。根据调研数据分析可知，在320个农村移民中，农村移民家庭的年收入为10000元以下的比重高达36.5%，农村移民家庭的年收入为50000元以上的比重仅占10.6%（见表4-2）。从表4-2可知，农村移民家庭的年收入水平总体低于城镇移民，54.1%的城镇移民的家庭年收入水平处于20000~40000元，而只有36.6%的农村移民的家庭年收入水平处于20000~40000元。这表明农村移民的总体收入水平低于城镇移民，农村移民整体收入水平并不高。

表4-1　三峡库区移民从事的生计类型

生计类型	打工类型	务农类型	创业类型	多样化类型	其他类型
农村移民人数（人）	101	92	75	52	—
所占比重（%）	31.6	28.8	23.4	16.2	—
城镇移民人数（人）	161	—	104	36	19
所占比重（%）	50.3	—	32.5	11.3	5.9

注：调研的农村移民总数为320人，城镇移民的总数为320人。

表 4-2 三峡库区移民的收入水平

收入水平（元）	5000 以下	5000~10000	10000~20000	20000~30000	30000~40000	50000 以上
农村移民人数（人）	50	67	52	62	55	34
所占比重（%）	15.6	20.9	16.3	19.4	17.2	10.6
城镇移民人数（人）	47	22	30	79	94	48
所占比重（%）	14.7	6.9	9.4	24.7	29.4	15.0

注：调研的农村移民总数为 320 人，城镇移民的总数为 320 人。

从以上分析可知，从生计类型来看，农村移民主要以打工和务农为主，生计发展呈现出多样化趋势。从整体收入水平来看，农村移民整体收入水平不高，而且低于城镇移民。这表明农村移民的就业质量不太高，生存状况较为困难。可能的原因：由于三峡库区农村移民普遍文化水平低，自身综合素质不高，学习和掌握新知识、新技能较为困难，一般只具备传统的农业生产技术，在新环境下转行转业从事生产经营的适应能力弱，自主创业谋生较为困难。基于以上原因，导致库区很多农村移民收入来源不稳，生存状况较为困难。

第三节 三峡库区农村移民社会保障现状评价

基于三峡库区 320 户农村移民以及 320 户城镇移民的调研数据，本书对三峡库区农村移民的社会保障现状进行了分析，具体如表 4-3 所示：在 320 户农村移民样本中，农村移民购买养老保险的比重约为 54.4%，购买医疗保险的比重约为 86.6%，享受低保的农村移民的比重约为 12.5%。在 320 户城镇移民样本中，城镇移民购买养老保险的比重约为 76.9%，购买医疗保险的比重约为 90.3%，享受低保的农村移民的比重约为 20%。从上述数据可知库区社会保障体系尚不完善，农村移民的养老保险和医疗保险参保率还不太高，且低于城镇移民，部分农村移民可能会面临着老无所养和疾病治疗缺失的风险。据调研，三峡库区后靠农村移民搬迁后，人均耕地不足，生产生活困难，部分移民基本生活难以保障，老龄农村移民存在老无所养等问题；农村移民进城集镇安置后，失去赖以生存的耕地，城镇社会保障尚未完全覆盖，面临着养老无着落和疾病治疗缺失的风险。农村移民群众社会保障的缺失，一定程度上影响了城乡统筹发展和基本公共服务均等化目标的实现。因此，三峡库区要加大对农村移民社会保障的覆盖范围，特别是对那些因病因残致贫的农村移民、因自然灾害致贫的农村移民、因教育致贫的农村移民等。

表4-3 移民社会保障情况

社会保险类型	养老保险	医疗保险	低保
农村移民人数（人）	174	277	40
所占比重（%）	54.4	86.6	12.5
城镇移民人数（人）	246	289	64
所占比重（%）	76.9	90.3	20

注：调研的农村移民总数为320人，城镇移民的总数为320人。

第四节 三峡库区农村移民生计资本现状评价

一、农村移民生计资本总体情况

基于三峡库区320户农村移民以及320户城镇移民的调研数据，本书对三峡库区农村移民的生计资本现状进行了分析，具体如表4-4所示：第一，人力资本。农村移民人力资本变量的均值在3.0~3.2，城镇移民人力资本变量的均值在3.0~3.8，这说明农村移民人力资本水平不太高，并且农村移民的人力资本水平总体小于城镇移民。第二，金融资本。农村移民的金融资本的均值为0.4~3.4，城镇移民金融资本变量的均值在0.4~4.0，这说明农村移民的金融资本水平总体上小于城镇移民。第三，物质资本。农村移民的物质资本的均值在2.9~3.3，城镇移民的物质资本的均值在2.8~4.0，这表明农村移民物质资本的总体水平小于城镇移民。第四，自然资本。农村移民的自然资本的均值在1.7~3.1，这表明农村移民的自然资本存量较低①。第五，社会资本，农村移民的社会资本的均值在3.8~4.1，城镇移民的社会资本的均值在3.6~4.1，这表明相比移民而言，农村移民的社会资本水平相对较高。总之，农村移民人力资本水平、金融资本水平、物质资本水平均低于城镇移民，但是农村移民社会资本水平高于城镇移民，且社会资本水平指标适度偏高，这说明搬迁后，农村移民社会关系网络的规模和质量均有所提高。

表4-4 生计资本的描述性统计

题项	农村移民样本数	均值	标准差	城镇移民样本数	均值	标准差
HC1	320	3.066	1.308	320	3.088	1.373
HC2	320	3.153	1.380	320	3.772	1.299
HC3	320	3.066	1.355	320	3.175	1.661
FC1	320	3.322	1.621	320	3.913	1.622
FC2	320	2.190	1.312	320	3.666	1.999
FC3	320	0.413	0.493	320	0.416	0.494
MC1	320	3.253	1.290	320	3.249	1.113
MC2	320	2.994	1.341	320	2.848	1.302
MC3	320	3.013	1.593	320	3.994	1.094
NC1	320	1.793	2.175	320	—	—
NC2	320	3.029	1.598	320	—	—
NC3	320	3.029	1.712	320	—	—
SC1	320	3.838	1.195	320	3.709	1.150
SC2	320	3.806	1.151	320	3.681	1.160
SC3	320	4.029	1.027	320	4.025	0.823
SC4	320	3.994	1.062	320	3.928	0.889

注：人力资本的测量指标为HC1~HC3，金融资本的测量指标为FC1~FC3，物质资本的测量指标为MC1~MC3，自然资本的测量指标为NC1~NC3，社会资本的测量指标为SC1~SC4。

① 由于城镇移民一般不依赖于自然资本来谋生，故对城镇移民生计资本进行调研时，并未调研自然资本的状况。

二、不同个体特征农村移民生计资本现状评价

1. 不同性别的农村移民生计资本状况的比较分析

表4-5提供了三峡库区的不同性别农村移民的生计资本情况的比较分析结果,从卡方检验结果可知,库区不同性别的农村移民的人力资本、物质资本存在显著性差异,但是金融资本、自然资本以及社会资本并不存在显著性差异。男性农村移民的人力资本水平(均值为3.203)高于女性农村移民(均值为2.988),男性农村移民的物质资本水平(均值为3.180)高于女性农村移民(均值为2.994)。

表4-5 不同性别农村移民的生计资本情况的比较分析

生计资本变量	总体样本	女性农村移民	男性农村移民	显著性水平
人力资本	3.095	2.988	3.203	+
金融资本	1.979	1.996	1.962	NS
物质资本	3.087	2.994	3.180	+
自然资本	2.617	2.514	2.721	NS
社会资本	3.917	3.907	3.927	NS

注:***表示$p<0.001$,**表示$p<0.01$,*表示$p<0.05$,+表示$p<0.10$,NS为不显著。检验方法:卡方检验。

2. 不同年龄的农村移民生计资本状况的比较分析

第一,人力资本。运用SPSS19.0软件对人力资本与年龄进行了方差分析,从表4-6可知F值为1.786,由于这里的显著值0.115大于0.05,这表明年龄对人力资本并未产生显著影响。因此,从方差分析结果可知不同年龄段的农村移民的人力资本水平并不具有显著性差异。从表4-6可知:不同年龄段的农村移民人力资本的均值在3.0上下,并不具有显著性差异。

表4-6 不同年龄段农村移民的生计资本情况的比较分析

生计资本		总体样本	30岁以下	30~40岁	40~50岁	50~60岁	60岁以上	F值	显著性水平
人力资本	平均数	3.095	3.750	3.395	3.170	2.904	2.977	1.786	0.115
金融资本	平均数	1.979	1.875	2.290	1.843	2.132	1.930	1.814	0.110
物质资本	平均数	3.087	3.354	3.259	3.287	2.800	3.013	1.973+	0.082
自然资本	平均数	2.617	2.686	2.954	2.819	2.533	2.630	1.976+	0.082
社会资本	平均数	3.917	4.094	4.127	3.934	3.946	3.837	2.472*	0.032

注：+表示 $p<0.10$，*表示 $p<0.05$，**表示 $p<0.01$，***表示 $p<0.001$。检验方法：方差分析。

第二，金融资本。运用SPSS19.0软件对金融资本与年龄进行了方差分析，从表4-6可知F值为1.814，由于这里的显著值0.110大于0.05，这表明年龄对金融资本并未产生显著影响。因此，从方差分析结果可知不同年龄段的农村移民的金融资本水平并不具有显著性差异。从表4-6可知：不同年龄段的农村移民金融资本的均值在2.0上下，并不具有显著性差异。

第三，物质资本。运用SPSS19.0软件对物质资本与年龄进行了方差分析，从表4-6可知F值为1.973，由于这里的显著值0.082小于0.10，这表明年龄对物质资本产生了显著影响。因此，从方差分析结果可知不同年龄段的农村移民的物质资本水平具有显著性差异。

第四，自然资本。运用SPSS19.0软件对自然资本与年龄进行了方差分析，从表4-6可知F值为1.976，由于这里的显著值0.082小于0.10，这表明年龄对自然资本产生了显著影响。因此，从方差分析结果可知不同年龄段的农村移民的自然资本水平具有显著性差异。

第五，社会资本。运用SPSS19.0软件对社会资本与年龄进行了方差分析，从表4-6可知F值为2.472，由于这里的显著值0.032小于0.05，这表明年龄对社会资本产生了显著影响。因此，从方差分析结果可知不同年龄段的农村移民的社会资本水平具有显著性差异。从表4-6可知：30~40岁的农村移民社会资本水平最高，其次是30岁以下的农村移民，再次是50~60岁的农村移民，以及40~50岁的农村移民，最后是60岁以上的农村移民。

总之，不同年龄段的农村移民生计资本的发展状况存在一定差异，具体如下：第一，从生计资本不同维度来看，不同年龄段的农村移民的人力资本、金融资本差异并不大，但是物质资本、自然资本和社会资本则存在较大差异，50岁以前的农村移民的物质资本水平、自然资本水平和社会资本水平高于50岁以后的农村移民；第二，从生计资本总量来看，农村移民整体生计资本存在较大差异，其中30~40岁的农村移民的整体生计资本最高，其次是30岁以下的农村移民，最后是60岁以上的农村移民（见表4-6）。

3. 不同婚姻状况农村移民的生计资本状况的比较分析

第一，人力资本。运用SPSS19.0软件对人力资本与婚姻状况进行了方差分析，从表4-7可知F值为0.781，由于这里的显著值0.505大于0.05，这表明婚姻状况对人力资本并未产生显著影响。因此，从方差分析结果可知不同婚姻状况的农村移民的人力资本水平并不具有显著性差异。从表4-7可知：不同年龄段的农村移民人力资本的均值在3.0上下，并不具有显著性差异。

表4-7 不同婚姻状况农村移民的生计资本情况的比较分析

生计资本		总体样本	未婚	已婚	离异	丧偶	F值	显著性水平
人力资本	平均数	3.095	2.833	3.094	3.417	2.833	0.781	0.505
金融资本	平均数	1.979	1.965	1.967	2.067	2.111	0.175	0.913
物质资本	平均数	3.087	3.000	3.067	3.400	3.111	0.554	0.646

续表

生计资本		总体样本	未婚	已婚	离异	丧偶	F值	显著性水平
自然资本	平均数	2.617	2.448	2.660	2.342	2.239	1.634+	0.094
社会资本	平均数	3.917	4.326	3.895	4.238	3.479	2.242+	0.083

注：+表示 $p<0.10$，*表示 $p<0.05$，**表示 $p<0.01$，***表示 $p<0.001$。检验方法：方差分析。

第二，金融资本。运用 SPSS19.0 软件对金融资本与婚姻状况进行了方差分析，从表 4-7 可知 F 值为 0.175，由于这里的显著值 0.913 大于 0.05，这表明婚姻状况对金融资本并未产生显著影响。因此，从方差分析结果可知不同婚姻状况的农村移民的金融资本水平并不具有显著性差异。从表 4-7 可知：不同年龄段的农村移民金融资本的均值在 2.0 上下，并不具有显著性差异。

第三，物质资本。运用 SPSS19.0 软件对物质资本与婚姻状况进行了方差分析，从表 4-7 可知 F 值为 0.554，由于这里的显著值 0.646 大于 0.05，这表明婚姻状况对物质资本并未产生显著影响。因此，从方差分析结果可知不同婚姻状况的农村移民的物质资本水平并不具有显著性差异。从表 4-7 可知：不同年龄段的农村移民金融资本的均值在 3.10 上下，并不具有显著性差异。

第四，自然资本。运用 SPSS19.0 软件对自然资本与婚姻状况进行了方差分析，从表 4-7 可知 F 值为 1.634，由于这里的显著值 0.094 小于 0.10，这表明婚姻状况对自然资本产生显著影响。因此，从方差分析结果可知不同婚姻状况的农村移民的自然资本水平具有显著性差异。从表 4-7 可知：已婚的农村移民的自然资本水平最高（均值为 2.660），丧偶的农村移民的自然资本水平最低（均值为 2.239）。

第五，社会资本。运用 SPSS19.0 软件对社会资本与婚姻状况进行了方差分析，从表 4-7 可知 F 值为 2.242，由于这里的显著值 0.083 小于 0.10，这表明婚姻状况对社会资本产生显著影响。因此，从方差分析结果可知不同婚姻状况的农村移民的社会资本水平具有显著性差异。从表 4-7

可知：未婚的农村移民的社会资本水平高于已婚的农村移民。

总之，不同婚姻状况的农村移民生计资本的发展状况存在一定差异，具体如下：第一，从生计资本不同维度来看，不同婚姻状况的农村移民的人力资本、金融资本、物质资本差异并不大，但是自然资本和社会资本则存在较大差异。从表4-7的自然资本、社会资本的均值来看，已婚的农村移民自然资本水平高于未婚的农村移民，未婚的农村移民社会资本水平高于已婚的农村移民。第二，从生计资本总量看，已婚的农村移民的生计资本总量大于未婚移民。

三、不同生计类型农村移民生计资本现状评价

第一，人力资本状况。运用SPSS19.0软件对人力资本与生计类型进行了方差分析，从表4-8可知F值为3.379，由于这里的显著值0.005小于0.05，这表明不同生计类型的农村移民的人力资本水平具有显著性差异。从表4-8可知，首先是多样化生计类型的农村移民的人力资本水平最高（均值为3.50），其次是务农类型的农村移民（均值为3.228），再次是创业类型的农村移民（均值为3.084），最后是打工类型的农村移民（均值为2.809）。

第二，金融资本状况。运用SPSS19.0软件对金融资本与生计类型进行了方差分析，从表4-8可知F值为1.976，由于这里的显著值0.082小于0.10，这表明不同生计类型的农村移民的金融资本存在显著性差异。从表4-8可知，首先是创业类型的农村移民的金融资本水平最高（均值为2.229），其次是多样化类型的农村移民（均值为1.990），再次是务农类型的农村移民（均值为1.889），最后是打工类型的农村移民（均值为1.879）。

第三，物质资本状况。运用SPSS19.0软件对物质资本与生计类型进行了方差分析，从表4-8可知F值为12.144，由于这里的显著值0.000小于0.05，这表明生计类型对物质资本具有显著影响。因此，从方差分析结果可知不同生计类型的农村移民的物质资本具有显著性差异。从表4-8可知：首先是多样化生计类型的农村移民的物质资本水平最高（均值为4.073），其次是务农类型的农村移民（均值为3.109），再次是创业类型的农村移民（均值为2.871），最后是打工类型的农村移民（均值为2.736）。

第四,自然资本状况。运用 SPSS19.0 软件对自然资本与生计类型进行了方差分析,从表 4-8 可知 F 值为 22.341,由于这里的显著值 0.000 小于 0.05,这表明生计类型对自然资本具有显著影响。因此,从方差分析结果可知不同生计类型的农村移民的自然资本具有显著性差异。从表 4-8 可知:首先是多样化生计类型的农村移民的自然资本水平最高(均值为 4.260),其次是务农类型的农村移民(均值为 2.611),再次是打工类型的农村移民(均值为 2.179),最后是创业类型的农村移民(均值为 2.089)。

第五,社会资本状况。运用 SPSS19.0 软件对社会资本与生计类型进行了方差分析,从表 4-8 可知 F 值为 3.643,由于这里的显著值 0.003 小于 0.05,这表明生计类型对社会资本具有显著影响。因此,从方差分析结果可知不同生计类型的农村移民的社会资本具有显著性差异。从表 4-8 可知:首先是多样化生计类型的农村移民的社会资本水平最高(均值为 4.405),其次是创业类型的农村移民(均值为 3.939),再次是务农类型的农村移民(均值为 3.805),最后是打工类型的农村移民(均值为 3.749)。

总之,不同生计类型的农村移民生计资本发展状况存在一定差异,具体如下:第一,从显著性水平看,不同生计类型的农村移民的人力资本水平、物质资本水平、社会资本水平、自然资本水平、金融资本水平存在较大差异,具体如下:①人力资本差异:多样化类型>务农类型>创业类型>打工类型。②物质资本差异:多样化类型>务农类型>创业类型>打工类型。③自然资本差异:多样化类型>务农类型>打工类型>创业类型。④社会资本差异:多样化类型>创业类型>务农类型>打工类型。⑤金融资本差异:创业类型>多样化类型>务农类型>打工类型。第二,从整体生计资本水平看,首先是多样化生计类型的农村移民的生计资本总体水平最高,其次是务农类型的农村移民,再次是创业类型的农村移民,最后是打工类型的农村移民(见表 4-8)。

表 4-8 不同生计类型的农村移民在生计资本情况的比较分析

生计资本		总体样本	打工类型	务农类型	创业类型	多样化类型	F 值	显著性水平
人力资本	平均数	3.095	2.809	3.228	3.084	3.500	3.379**	0.005

续表

生计资本		总体样本	打工类型	务农类型	创业类型	多样化类型	F值	显著性水平
金融资本	平均数	1.979	1.879	1.889	2.229	1.990	1.976+	0.082
物质资本	平均数	3.087	2.736	3.109	2.871	4.073	12.144***	0.000
自然资本	平均数	2.617	2.179	2.611	2.089	4.260	22.341***	0.000
社会资本	平均数	3.917	3.749	3.805	3.939	4.405	3.643**	0.003

注：+表示 $p<0.10$，*表示 $p<0.05$，**表示 $p<0.01$，***表示 $p<0.001$。检验方法：方差分析。

第五节 三峡库区农村移民生计风险管理现状评价

一、农村移民生计风险管理总体情况

从表4-9中，可以看出生计风险管理的测量值处于合理范围，极差较大，标准差都大于1，说明样本数据的分散程度高，也表明本书选取的样本人群比较广泛。基于三峡库区320户农村移民以及320户城镇移民的调研数据，本书对三峡库区农村移民的生计风险管理现状进行了分析，具体如下：第一，识别生计风险。农村移民识别生计风险各个测量指标的均值在3.7左右，城镇移民识别生计风险各个测量指标的均值在2.9左右，这说明农村移民识别风险能力较强，且识别风险能力高于城镇移民。第二，评估生计风险。农村移民评估生计风险各个测量指标的均值在3.1~3.4，城镇移民评估生计风险各个测量指标的均值在3.0~3.2，这表明农村移民评估生计风险水平大于城镇移民，但是农村移民评估生计风险水平总体偏

低。第三,治理生计风险。农村移民治理生计风险的各个测量指标的均值处在 3.1~3.6,城镇移民治理生计风险的各个测量指标的均值处在 2.9~3.1,这表明农村移民治理生计风险水平大于城镇移民,但是农村移民治理生计风险水平总体偏低。

表 4-9 移民生计风险管理的描述性统计

题项	农村移民样本数	均值	标准差	城镇移民样本数	均值	标准差
SBFX1	320	3.766	1.174	320	2.866	1.261
SBFX2	320	3.778	1.155	320	2.941	1.193
SBFX3	320	3.666	1.187	320	2.906	1.160
PGFX1	320	3.397	1.323	320	3.072	1.223
PGFX2	320	3.159	1.314	320	3.109	1.241
PGFX3	320	3.359	1.221	320	3.109	1.181
ZLFX1	320	3.163	1.251	320	2.943	1.162
ZLFX2	320	3.409	1.221	320	2.962	1.147
ZLFX3	320	3.503	1.269	320	3.063	1.080

注:识别生计风险的指标为 SBFX1、SBFX2、SBFX3,评估生计风险的指标为 PGFX1、PGFX2、PGFX3,治理生计风险的指标为 ZLFX1、ZLFX2、ZLFX3。

总之,农村移民生计风险管理水平高于城镇移民,但是总体生计风险管理水平偏低。在农村移民生计风险管理水平的三个测量指标中,识别生计风险水平指标均值适度偏高,这说明随着经济社会发展,农村移民风险意识的不断增强,他们识别风险水平也在不断提高。

二、不同个体特征农村移民生计风险管理现状评价

1. 不同性别农村移民生计风险管理现状

表 4-10 提供了三峡库区的不同性别农村移民的生计风险管理情况的比较分析结果,从卡方检验结果可知,库区不同性别的农村移民的生计风险识别能力、生计风险评估能力、生计风险治理能力三个方面均存在显著性差异。从卡方检验的检验结果以及女性农村移民和男性农村移民的分样

本均值来看，不同性别的农村移民的生计风险管理状况的三个方面均存在显著性差异，男性农村移民的生计风险识别能力（均值为3.845）高于女性农村移民（均值为3.629），男性农村移民的生计风险评估能力（均值为3.424）高于女性农村移民（均值为3.188），男性农村移民的生计风险治理能力（均值为3.547）高于女性农村移民（均值为3.172）。

表4-10 不同性别农村移民的生计风险管理情况的比较分析

生计风险管理变量	总体样本	女性农村移民	男性农村移民	显著性水平
生计风险识别	3.737	3.629	3.845	*
生计风险评估	3.305	3.188	3.424	+
生计风险治理	3.358	3.172	3.547	**

注：***表示p<0.001，**表示p<0.01，*表示p<0.05，+表示p<0.10，NS为不显著。检验方法：卡方检验。

2. 不同年龄农村移民的生计风险管理现状评价

第一，生计风险识别。运用SPSS19.0软件对识别风险与年龄进行了方差分析，从表4-11可知F值为1.746，由于这里的显著值0.075小于0.10，这表明年龄对识别风险能力产生显著影响。因此，从方差分析结果可知不同年龄段的农村移民的识别风险能力存在显著性差异。由表4-11可知：50岁以上的农村移民的生计风险识别能力较强，30岁以下的农村移民的生计风险识别能力较强。

第二，生计风险评估。运用SPSS19.0软件对评估生计风险与年龄进行了方差分析，从表4-11可知F值为0.236，由于这里的显著值0.946大于0.05，这表明年龄对评估风险水平并未产生显著影响。因此，从方差分析结果可知不同年龄段的农村移民的评估风险水平并没有显著性差异。由表4-11结果可知不同年龄段的农村移民的评估生计风险的能力均在3.3上下。

第三，生计风险治理。运用SPSS19.0软件对治理生计风险与年龄进行了方差分析，从表4-11可知F值为1.137，由于这里的显著值0.341大于0.05，这表明年龄对治理风险水平并未产生显著影响。因此，从方差分析结果可知不同年龄段的农村移民的治理风险水平并不具有显著性差异。不同年龄段的农村移民治理生计风险水平均在 3.20 上下浮动。

总之，不同年龄段农村移民的整体生计风险管理水平都不太高，其中识别生计风险指标均值适度偏高，这说明当农村移民面临潜在生计风险时，均具有识别生计风险的能力（见表 4-11）。但是，不同年龄段的农村移民的生计风险识别能力具有显著性差异，50 岁以上的农村移民的生计风险识别能力较强，30 岁以下的农村移民的生计风险识别能力较弱。但是不同年龄段的农村移民的生计风险评估能力、生计风险治理能力并不具有显著性差异。

表 4-11　不同年龄段农村移民在生计风险管理情况的比较分析

生计风险管理		总体样本	30 岁以下	30~40 岁	40~50 岁	50~60 岁	60 岁以上	F 值	显著性水平
生计风险识别	平均数	3.737	3.454	3.691	3.517	3.804	3.902	1.746+	0.075
生计风险评估	平均数	3.305	3.479	3.407	3.230	3.301	3.324	0.236	0.946
生计风险治理	平均数	3.358	3.229	3.407	3.197	3.329	3.549	1.137	0.341

注：+表示 p<0.10，*表示 p<0.05，**表示 p<0.01，***表示 p<0.001。检验方法：方差分析。

3. 不同婚姻状况的农村移民生计风险管理现状评价

第一，生计风险识别。运用 SPSS19.0 软件对生计风险识别与婚姻状况进行了方差分析，从表 4-12 可知 F 值为 2.425，由于这里的显著值 0.066 小于 0.10，这表明婚姻状况对生计风险识别产生显著影响。因此，从方差分析结果以及平均值来看，不同婚姻状况的农村移民的生计风险识别能力具有显著性差异，如已婚的农村移民的识别风险能力最强（均值为 4.003），其次是未婚的农村移民（均值为 3.972），最后是离异和丧偶的农村移民。

表 4-12 不同婚姻状况的农村移民在生计风险管理情况的比较分析

生计风险管理		总体样本	未婚	已婚	离异	丧偶	F值	显著性水平
生计风险识别	平均数	3.737	3.972	4.003	3.233	3.444	2.425[+]	0.066
生计风险评估	平均数	3.305	3.639	3.671	3.200	2.778	3.415[*]	0.018
生计风险治理	平均数	3.358	3.444	3.384	3.350	2.694	1.556	0.200

注：+表示 $p<0.10$，*表示 $p<0.05$，**表示 $p<0.01$，***表示 $p<0.001$。检验方法：方差分析。

第二，生计风险评估。运用SPSS19.0软件对生计风险评估与婚姻状况进行了方差分析，从表4-12可知F值为3.415，由于这里的显著值0.018小于0.05，这表明婚姻状况对生计风险评估产生显著影响。因此，从方差分析结果以及平均值来看，不同婚姻状况的农村移民的生计评估能力具有显著性差异，如已婚的农村移民的生计评估能力较强（均值为3.671），丧偶的农村移民的生计风险评估能力较弱（均值为2.778）。

第三，生计风险治理。运用SPSS19.0软件对生计风险治理与婚姻状况进行了方差分析，从表4-12可知F值为1.556，由于这里的显著值0.200大于0.05，这表明婚姻状况对生计风险治理并未产生显著影响。因此，从方差分析结果以及平均值来看，不同婚姻状况的农村移民的生计治理能力并不具有显著性差异。

总之，不同婚姻状况的农村移民的生计风险识别能力、生计风险评估能力具有显著性差异，但是他们的生计风险治理能力并不具有显著性差异。

三、不同生计类型农村移民生计风险管理现状评价

第一，生计风险识别。运用SPSS19.0软件对识别风险与生计类型进行了方差分析，从表4-13可知F值为7.545，由于这里的显著值0.000小于0.05，这表明生计类型对识别风险水平有显著影响。因此，从方差分析结果可知不同生计类型的农村移民的识别风险水平具有显著性差异。如表

4-13所示，首先是创业类型的农村移民识别生计风险水平最高（均值为4.124），其次是务农类型（均值为3.790），再次是多样化类型（均值为3.667），最后是打工类型（均值为3.469）。

表4-13 不同生计类型的农村移民在生计风险管理情况的比较分析

生计风险管理		总体样本	打工类型	务农类型	创业类型	多样化类型	F值	显著性水平
生计风险识别	平均数	3.737	3.469	3.790	4.124	3.667	7.545***	0.000
生计风险评估	平均数	3.305	2.964	3.500	3.476	3.313	4.029**	0.001
生计风险治理	平均数	3.358	3.013	3.431	3.720	3.333	4.485**	0.001

注：+表示 $p<0.10$，*表示 $p<0.05$，**表示 $p<0.01$，***表示 $p<0.001$。检验方法：方差分析。

第二，生计风险评估。运用SPSS19.0软件对评估生计风险与生计类型进行了方差分析，从表4-13可知F值为4.029，由于这里的显著值0.001小于0.05，这表明生计类型对评估风险水平具有显著影响。因此，从方差分析结果可知不同生计类型的农村移民的评估风险水平具有显著性差异。由表4-13结果可知，首先是务农类型的农村移民评估生计风险水平最高（均值为3.500），其次是创业类型（均值为3.476），再次是多样化类型（均值为3.313），最后是打工类型（均值为2.964）。

第三，生计风险治理。运用SPSS19.0软件对治理生计风险与生计类型进行了方差分析，如表4-13可知F值为4.485，由于这里的显著值0.001小于0.05，这表明生计类型对治理风险水平具有显著影响。因此，从方差分析结果可知不同生计类型的农村移民的治理风险水平具有显著性差异。首先是创业类型的农村移民治理生计风险水平最高（均值为3.720），其次是务农类型（均值为3.431），再次是多样化类型（均值为3.333），最后是打工类型（均值为3.013）（见表4-13）。

总之，三峡库区不同生计类型的农村移民的识别风险水平、评估生计风险水平和治理生计风险水平存在较大差异，具体如下：第一，从识别生计风险水平来看，创业类型的农村移民识别生计风险水平最高，打工型农村移民识别生计风险水平最低。第二,从评估生计风险水平来看,务农类型农村移民评估生计风险水平最高,打工型农村移民评估生计风险水平最低。第三,从治理生计风险水平来看,创业类型的农村移民治理生计风险水平最高,打工型农村移民治理生计风险水平最低。第四,从整体生计风险管理水平来看,创业类型的农村移民生计风险管理水平最高,打工类型的农村移民生计风险管理水平最低。

第六节　三峡库区农村移民可持续生计发展现状评价

一、农村移民总体可持续生计水平评价

从表4-14中,可以看出可持续生计的测量值处于合理范围,极差较大,标准差都大于1,说明样本数据的分散程度高,也表明本书选取的样本人群比较广泛。基于三峡库区320户农村移民以及320户城镇移民的调研数据,本书对三峡库区农村移民的可持续生计水平进行了分析,具体如下:农村移民可持续生计各个测量指标的均值处在3.5~4.2,城镇移民可持续生计各个测量指标的均值处在3.5~4.3,这说明农村移民可持续生计水平不太高,且低于城镇移民的可持续生计水平。

表4-14　移民可持续生计的描述性统计

题项	农村移民样本数	均值	标准差	城镇移民样本数	均值	标准差
SJ1	320	3.594	1.146	320	3.588	1.241
SJ2	320	3.697	1.160	320	3.869	1.054
SJ3	320	4.191	1.000	320	4.234	1.039
SJ4	320	4.003	1.043	320	4.163	1.019
SJ5	320	3.711	1.067	320	4.073	0.923

注:可持续生计的测量指标为SJ1~SJ5。

二、不同个体特征的农村移民可持续生计水平评价

1. 不同性别的农村移民可持续生计水平比较分析

表4-15提供了三峡库区的不同性别农村移民的可持续生计情况的比较分析结果,从卡方检验结果可知,库区不同性别农村移民的可持续生计水平并不存在显著性差异。从卡方检验的检验结果以及女性农村移民和男性农村移民的分样本均值来看,女性农村移民和男性农村移民的可持续生计变量的均值在3.80上下浮动,并不存在显著性差异。

表4-15 不同性别农村移民的可持续生计水平的比较分析

性别	总体样本	女性农村移民	男性农村移民	显著性水平
可持续生计	3.839	3.796	3.883	NS

注:*** 表示 $p<0.001$,** 表示 $p<0.01$,* 表示 $p<0.05$,+表示 $p<0.10$,NS 为不显著。检验方法:卡方检验。

2. 不同年龄的农村移民可持续生计水平比较分析

运用SPSS19.0软件对年龄与农村移民可持续生计水平进行了方差分析,从表4-16可知F值为2.623,由于这里的显著值0.024小于0.05,这表明不同年龄农村移民的可持续生计水平具有显著性差异。从表4-16可知,30岁以下农村移民的可持续生计水平最高,50岁以上的农村移民的可持续生计水平较低。

表4-16 不同年龄的农村移民可持续生计水平的比较分析

年龄		30岁以下	30~40岁	40~50岁	50~60岁	60岁以上	F值	显著性水平
可持续生计水平	平均数	4.105	4.027	3.980	3.760	3.971	2.623*	0.024
	标准差	0.602	0.691	0.796	0.796	0.710		

注:+表示 $p<0.10$,* 表示 $p<0.05$,** 表示 $p<0.01$,*** 表示 $p<0.001$。检验方法:方差分析。

3. 不同婚姻状况的农村移民可持续生计水平比较分析

运用SPSS19.0软件对可持续生计水平与婚姻状况进行了方差分析,

从表 4-17 可知 F 值为 1.059，由于这里的显著值 0.367 大于 0.10，这表明婚姻状况对农村移民可持续生计水平并未产生显著影响。因此，从方差分析结果以及平均值来看，不同婚姻状况的农村移民的可持续生计水平并不具有显著性差异，如不同婚姻状况的农村移民的均值为 3.80 上下，并不存在显著性差异。

表 4-17　不同婚姻状况的农村移民的可持续生计水平的比较分析

婚姻状况		总体样本	未婚	已婚	离异	丧偶	F 值	显著性水平
可持续生计水平	平均数	3.839	3.833	3.821	3.830	3.767	1.059	0.367
	标准差	0.762	0.538	0.767	0.563	0.762		

注：+表示 $p<0.10$，*表示 $p<0.05$，**表示 $p<0.01$，***表示 $p<0.001$。检验方法：方差分析。

4. 不同搬迁时间的农村移民可持续生计水平比较分析

运用 SPSS19.0 软件对搬迁时间与农村移民可持续生计水平进行了方差分析，从表 4-18 可知 F 值为 3.720，由于这里的显著值 0.006 小于 0.01，这表明不同搬迁时间的农村移民的可持续生计水平具有显著性差异。具体如下：搬迁时间为 20 年以上的农村移民的可持续生计水平较高（均值为 4.172），搬迁时间为 1~6 年的农村移民的可持续生计水平较低[①]（均值为 3.735）。

表 4-18　不同搬迁时间的农村移民可持续生计水平的比较分析

搬迁时间		1~6 年	7~10 年	11~15 年	16~20 年	20 年以上	F 值	显著性水平
可持续生计水平	平均数	3.735	3.745	3.919	3.762	4.172	3.720**	0.006
	标准差	0.708	0.692	0.829	0.653	0.836		

注：+表示 $p<0.10$，*表示 $p<0.05$，**表示 $p<0.01$，***表示 $p<0.001$。检验方法：方差分析。

---

① 搬迁时间为 1~6 年的农村移民的可持续生计水平较低，可能的解释是：搬迁时间为 1~6 年的农村移民在心理上可能处于动荡期，还没有完全融入安置地社会，加之部分农村移民可能还存在负债、社会关系网络重建等主观、客观因素的影响，导致搬迁时间较少的农村移民可持续生计水平较低。

三、不同生计类型的农村移民可持续生计水平的比较分析

运用SPSS19.0软件对生计类型与农村移民可持续生计水平进行了方差分析,从表4-19可知F值为3.793,由于这里的显著值0.002小于0.01,这表明不同生计类型的农村移民的可持续生计水平具有显著性差异。具体如下:多样化生计类型农村移民的可持续生计水平最高(均值为4.055),打工类型农村移民的可持续生计水平较低(均值为3.585)。

表4-19 不同生计类型的农村移民可持续生计水平的比较分析

生计类型		打工类型	务农类型	创业类型	多样化类型	F值	显著性水平
可持续生计水平	平均数	3.585	3.887	3.973	4.055	3.793**	0.002
	标准差	0.758	0.764	0.784	0.615		

注:+表示$p<0.10$,*表示$p<0.05$,**表示$p<0.01$,***表示$p<0.001$。检验方法:方差分析。

本章小结

本章首先介绍了三峡库区农村移民搬迁安置情况,其次基于三峡库区320户农村移民以及320户城镇移民的调研数据,对农村移民的生计现状进行了评价,主要包括农村移民的就业现状、社会保障现状、生计资本现状、生计风险管理、可持续生计等方面。本章为研究三峡库区农村移民可持续生计影响因素及发展路径奠定良好的现实基础。其主要内容如下:

第一,三峡库区农村移民的就业现状以及社会保障现状评价。本书基于三峡库区320户农村移民以及320户城镇移民的调研数据,对农村移民的就业现状进行了分析,具体如下:①生计类型。研究表明农村移民和城镇移民的生计类型存在较大差异,在320户农村移民样本中,首先是打工

类型农村移民的人数最多，占总数的31.6%；其次是务农类型的农村移民，占总数的28.8%；再次是创业类型的农村移民，占总数的23.4%；最后是多样化生计类型，占总数的16.2%。在320户城镇移民样本中，打工类型的占50.3%，创业类型的占32.5%。这说明三峡库区农村移民和城镇生计发展路径存在较大差异，农村移民生计类型主要以打工和务农为主，城镇移民以打工和创业为主，生计发展均呈现出多样化趋势。②收入水平。在320个农村移民中，农村移民家庭的年收入为10000元以下的比重高达36.5%，农村移民家庭的年收入为50000元以上的比重仅占10.6%。在320户城镇移民样本中，54.1%的城镇移民的家庭年收入水平处于20000~40000元，而只有36.6%的农村移民的家庭年收入水平处于20000~40000元。这表明农村移民整体收入水平并不高，并且农村移民的总体收入水平低于城镇移民。③社会保障水平。在320户农村移民样本中，农村移民购买养老保险的比重约为54.4%，购买医疗保险的比重约为86.6%，享受低保的农村移民的比重约为12.5%。在320户城镇移民样本中，城镇移民购买养老保险的比重约为76.9%，购买医疗保险的比重约为90.3%，享受低保的城镇移民的比重约为20%。总之，三峡库区农村移民的养老和医疗保险参保率还不太高，且低于城镇移民，部分农村移民可能会面临着老无所养和疾病治疗缺失的风险。

第二，三峡库区农村移民的生计资本现状评价。三峡库区农村移民人力资本水平、金融资本水平、物质资本水平均低于城镇移民，社会资本水平高于城镇移民，但是不同个体特征的农村移民生计资本状况存在一定的差异。具体如下：金融资本、自然资本以及社会资本并不存在显著性差异，但是不同性别的农村移民的人力资本、物质资本存在显著性差异，其中男性农村移民的人力资本水平（均值为3.203）高于女性农村移民（均值为2.988），男性农村移民的物质资本水平（均值为3.180）高于女性农村移民（均值为2.994）。不同年龄段农村移民的人力资本、金融资本差异并不大，但是物质资本、自然资本和社会资本则存在较大差异；不同婚姻状况农村移民的人力资本、金融资本、物质资本差异并不大，但是自然资本和社会资本则存在较大差异；不同生计类型的农村移民的人力资本水平、物质资本水平、社会资本水平、自然资本水平、金融资本水平存在较大差异。

第三，农村移民的生计风险管理水平评价。农村移民整体生计风险管理水平高于城镇移民,但是总体生计风险管理水平偏低。不同年龄段、不同婚姻状况、不同性别的农村移民的生计风险管理水平存在显著性差异,其中男性农村移民的整体生计风险水平略高于女性农村移民;不同年龄段的农村移民的生计风险识别能力具有显著性差异,50岁以上的农村移民的生计风险识别能力较强,30岁以下的农村移民的生计风险识别能力较弱,但是不同年龄段的农村移民的生计风险评估能力、生计风险治理能力并不具有显著性差异。不同婚姻状况的农村移民的生计风险识别能力、生计风险评估能力存在显著性差异,但是他们的生计风险治理能力并不存在显著性差异。不同生计类型农村移民生计风险管理水平存在显著性差异,其中创业类型的农村移民生计风险管理水平最高,打工类型生计风险管理水平最低。

  第四,农村移民的可持续生计水平评价。农村移民可持续生计各个测量指标的均值处在3.5~4.2,城镇移民可持续生计各个测量指标的均值处在3.5~4.3,这说明农村移民可持续生计水平不太高,且低于城镇移民的可持续生计水平。不同性别、不同婚姻状况的农村移民的可持续生计水平不存在显著性差异,但是不同年龄、不同搬迁时间的农村移民的可持续生计水平具有一定差异,具体如下:30岁以下农村移民的可持续生计水平最高,50岁以上的农村移民可持续生计水平较低;搬迁时间为20年以上的农村移民的可持续生计水平较高,搬迁时间为1~6年的农村移民的可持续生计水平较低。

第五章 三峡库区农村移民可持续生计影响因素分析

本书第四章基于三峡库区 320 户农村移民的调研数据，对农村移民的生计现状进行了评价，主要包括农村移民的就业现状、社会保障现状、生计资本现状、生计风险管理、可持续生计等方面，为本章研究三峡库区农村移民可持续生计影响因素奠定了良好的现实基础。本章主要采取结构方程模型研究影响三峡库区农村移民可持续生计的因素，利用 AMOS17.0 软件进行假设检验，在参数估计方面，采用最大似然法来分析数据，属于无偏估计法，它要求样本数至少在 100~150，本书的样本量为 320，完全符合结构方程模型要求。

赵锋（2015）提出"资本—能力—策略"的理性选择是水库移民实现内源式生计发展的重要基石。可见，生计资本是实现移民可持续生计的重要基础。由于农村移民可持续生计发展面临着诸多生计风险，因此农村移民需要重视生计风险管理的作用。此外，随着库区经济社会的发展，促进移民生计发展的制度环境得到较为明显的改善，制度环境的改善是否对改善农村移民的生计状况产生了明显的影响？这些问题有待进一步研究。因此，本章基于三峡库区 320 户农村移民的调研数据，主要从生计资本、生计风险管理、制度环境三个维度，探讨这三个因素对农村移民可持续生计的影响。本章详细阐述了研究的理论分析及研究假设，并运用 AMOS17.0 软件建立结构方程模型，对本章提出的假设进行验证，具体包括：验证了农村移民生计资本对可持续生计影响的关系假设、生计资本对生计风险管理影响的关系假设、生计风险管理对可持续生计影响的关系假设、生计风险管理在生计资本和可持续生计之间的中介效应作用。本章还通过层次回归分析法，验证了制度环境在生计资本与农村移民可持续生计之间的调节作用。

第一节 理论分析与研究假设

一、农村移民生计资本与可持续生计的关系假设

在研究生计资本与可持续生计两者之间关系的文献中，研究对象大多集中在农户上，且研究表明生计资本有助于促进农户的可持续生计发展。Chambers（1995）提出穷人要依据自身生计资本状况，采取复杂多样化的生计策略，制定合理的减贫和预防政策措施，从而维持他们的长远生计。Shiferaw 等（2009）研究表明：拥有优质生计资本的农民，可能会找到资源合理利用的做法，如采取以市场为导向的农艺策略或集约化经营策略，从而实现可持续生计。Oumer 等（2011）研究表明：拥有更高生计资本的农户，不仅有更多机会获取更多资源以及得到政府帮助，而且能够对资源进行有效管理，促进生计活动更好地开展。

农村移民同样也具有普通农民具有的共性。生计资本对农村移民可持续生计的影响主要体现在三个方面：第一，农村移民生计资本的数量和质量是促进可持续发展的重要条件（王沛沛、许佳君，2013）。生计资本是农村移民开展生计活动的重要基础，拥有优质生计资本的农村移民，往往可以获取更多的生计资源。其对生计资本进行有效管理，从而为他们开展生计活动奠定良好的基础，实现生计的可持续性。第二，生计资本的优化组合是实现可持续生计的重要保障。许汉石和乐章（2012）指出，农户的生计状况很大程度上取决于各种生计资本的综合作用。对于农村移民而言，单靠某一个生计资本的力量，很难实现可持续生计，因此，农村移民必须基于自身生计资本现状，权衡利弊，实现各类生计资本组合，最大化发挥各类生计资本的优势，这样才能实现可持续生计。第三，优质高效的生计资本，有利于减少生计脆弱性，实现可持续生计。生计资本是农村移民抵御各种生计风险的重要基础。优质、高效的生计资本又是降低生计脆弱性、增强风险防范能力的基础，也是农村移民抵御各种生计风险的重要屏障。拥有优质、高效生计资本的农村移民，可以充分利用这些资源优

势，减少生计脆弱性，增强生计风险抵御能力，从而保障生计的可持续性。基于以上分析，本书提出如下假设：

H1：农村移民的生计资本对他们的可持续生计产生正向影响。

基于以上分析可知，生计资本对农村移民可持续生计产生正向影响。农村移民生计资本包括人力资本、金融资本、社会资本、物质资本、自然资本五个维度，农村移民生计资本的不同维度与可持续生计的关系假设如下：

1. 人力资本对农村移民可持续生计的影响分析

20世纪60年代，美国著名经济学家Schultz（1981）提出，人力资本（Human Capital）是对人的投资而形成的，主要体现为人的知识、技能、经历、经验和熟练程度，如受教育程度、技能水平等属于人力资本的范畴。Flora（2001）提出，人力资本包括家庭中劳动力数量、身体状况和教育状况。基于以上关于人力资本内涵的界定，本书认为人力资本主要包括教育水平、技能水平、劳动力数量等方面，其主要从三个方面对农村移民可持续生计产生正向影响：第一，教育水平是人力资本发展的关键因素。教育水平越高，劳动力越容易选择非农就业（Winters and Chiodi, 2011），获得相对较高的收入，就越容易改善自身的生计状况。教育水平较高的农村移民，往往会拥有较高质量的社会关系网络，他们可以利用这些社会关系网络发掘更多的就业信息，获取更多的生计资源，拓展其收入渠道，从而为可持续生计发展创设良好的条件。第二，技能水平是提高农村移民生计水平的重要因素。技能水平越高的农村移民，越有可能适应劳动力市场需求，找到高质量的工作，获取更高的收入，从而改善他们的生计状况（Lutz, 1997）。第三，农村移民家庭的劳动力数量越多，意味着投入农业生产的劳动力也就越多，或者参加工作的人就越多[①]，那么对于整个家庭而言，劳动力数量越多，意味着创造的收益也就越多。基于此，本书提出假设如下：

H1a：农村移民的人力资本对他们的可持续生计产生正向影响。

[①] 由于农村移民在搬迁安置时存在多种安置方式，包括就地后靠，外迁安置，第二、第三产业安置，多样化的安置方式就决定了多样化的生计类型，因此，农村移民的生计类型主要有务农、外出务工、自谋职业、当地打零工、多样化生计等多种生计发展类型，因而本书所指的农村移民的生计不仅仅局限于务农，还包括外出务工、自谋职业、兼业等多种生计类型。

2. 金融资本对农村移民可持续生计的影响分析

金融资本是指实现人们生计目标的金融资源，如现金收入、银行存款、库存现金、其他货币资金等。金融资本是影响生计活动的重要因素。金融资本对农村移民可持续生计的影响主要体现在两个方面：第一，金融资本是提高农村移民生计水平的必要条件，金融资本水平越高的农村移民，往往会拥有较多的现金或者融资渠道。农村移民可以利用这些资源，将更多的资金投入到生产中，获取更多的收益，从而为他们的可持续生计发展创设良好的条件；第二，金融资本的投入与回放是软化生计风险约束、降低生计风险的可行策略。当农村移民遇到生计风险时，他们可以通过资金投入或回收的方式或动用储蓄、向亲戚朋友借款、减少消费、外出务工挣钱等方式，有效缓解生计风险，从而促进自身可持续生计的发展。基于此，本书提出如下假设：

H1b：农村移民的金融资本对他们的可持续生计产生正向影响。

3. 社会资本对农村移民可持续生计的影响分析

社会资本作为一个隐含的、缺失的解释变量，由于缺乏较为明确的定义，几乎每个人对社会资本的界定都不一样。Robison（2002）认为，社会资本就是一种社会网络；Maskel（2000）认为，社会资本是公民在日常生活中所分享的价值和信仰。综上可知，社会资本是指实现人们生计目标的社会网络资源，如亲戚朋友关系、邻里关系、商业伙伴关系等，人们通过社会网络资源可以建立相互之间的信任关系，促进人们之间的相互交流与合作。很多研究者都认为社会资本有助于促进人们的可持续生计发展，如Shook（2011）认为，社会资本不仅可以提高成员之间的熟悉程度和信任程度，而且可以促进人与人之间的交流与合作，从而为可持续生计创设良好的资源条件。

Michal等（2005）指出弱势群体，特别是那些没有受过正规教育或者没有专业技能的穷人，特别依赖于社会资本，如借助于组织结构的帮助，获取就业机会以及增收的渠道。作为弱势群体的农村移民，社会资本对他们的可持续生计的影响主要体现在两个方面：第一，提供信息，推荐就业。社会关系网络是农村移民获取就业信息的重要渠道。农村移民可以通过社会关系网络，如从亲戚朋友那里获取廉价、及时、真实的就业信息，提高就业概率。第二，降低就业风险，拓展收入渠道。农村移民通过社会网络不仅可以获取更多有价值的增收渠道，降低就业风险，而且可以获取高质量的就业机会，拓展农村移民收入渠道，从而提高生计水平。基于此，本书提出假设：

H1c：农村移民的社会资本对他们的可持续生计产生正向影响。

4. 物质资本对农村移民可持续生计的影响分析

物质资本主要包括维持人们生计所需的生产工具、生活资产以及基础设施的总和。Moser（1998）提出，个人或家庭所拥有的物质资本是实现生计活动的必备条件；生产资产是提高农业生产力的关键因素，是增加农户收入的重要因素。对于农村移民而言，物质资本对他们的可持续生计的影响主要体现在两个方面：第一，物质资本是维持农村移民可持续生计的重要物质基础。农村移民可以将大量的物质资产投放到农业生产中，从而提高土地的耕作效率，增加他们的收入，改善农村移民的生计状况。第二，物质资本可以降低生计风险，促进可持续生计发展。农村移民可以通过这些物质资产获取额外的资产收益，如通过出租门面、住房获得租金或者通过变卖牲畜、生产工具、抵押房产等方式，最大限度地减少生计风险，增加农村移民的资产收益，从而保障农村移民的可持续生计发展。基于此，本书提出假设：

H1d：农村移民的物质资本对他们的可持续生计产生正向影响。

5. 自然资本对农村移民可持续生计的影响分析

Daly（1996）认为，自然资本主要包括维持人们现在生计或未来生计需要的有价值的产品流或服务流的自然资源，如耕地面积、耕地质量、水资源、矿产资源等。Barbier 等（2014）认为，自然资本是指自然资源，是指自然界为人类的生产生活提供的资源，包括水、空气、阳光、生态环境等公共资源和土地、植被等私有资源。由上述关于自然资本内涵的界定可知自然资本是人类一切经济活动的基础，它关系到人类生存和发展。对于农村移民而言，自然资本是他们实现可持续生计的基石，它不仅是农村移民维持生计的重要物质基础，而且是农村移民生计开展的空间条件（邢成举，2016）。自然资本对农村移民可持续生计的影响主要体现在两个方面：第一，Merritt 等（2015）认为，农户的生计活动高度依赖于土地、公共资源等自然资源。自然资本是维持农村移民生计活动的基础性条件，是农村移民生计活动开展的空间条件。农村移民拥有的自然资本的多寡在某种程度上影响着他们的收入状况，农村移民拥有的自然资本越多，越有可能产生更多收益，越有助于改善他们的生计状况。第二，自然资本质量的好坏

直接影响着土地的产出效率。自然资本质量越高,则土地的产出率越高,那么农村移民获得的收益就越大。基于此,本书提出假设:

H1e:农村移民的自然资本对他们的可持续生计产生正向影响。

二、农村移民生计资本与生计风险管理的关系假设

通过检索文献,笔者发现关于生计资本与生计风险之间关系的研究,在研究对象上大多集中在农户上,如 Siegel 等(2005)指出,一个家庭生计资本的优化组合方式,不但可以提高现有家庭资产的运作效率,而且可以提高家庭的风险管理能力。Faurès 等(2008)在可持续生计分析框架下,认为农户在遭遇风险时,应学会综合运用其所拥有的五大生计资本来应对。换句话来说,农户能否规避风险主要由家庭拥有的各种生计资产的质量和数量来决定。但是,学界对于农村移民生计资本与生计风险管理之间关系的相关研究相对较少,仅有零星几篇文献涉及此研究,如迈克尔·M.赛尼(2002)基于贫困风险理论,提出适应期扶贫移民可能遇到如下致贫风险:丧失原有的生产生活资源、社会关系网络受损、失去公共财产与服务等生计资本风险。彭峰等(2016)提出,移民的生计资本变化以及移民心理感知差异等因素影响他们的生计风险。

从以上分析可知,生计资本是影响人们生计风险管理的重要因素。对于农村移民而言,生计资本对生计风险管理的作用,主要体现在两个方面:第一,生计资本的数量和质量直接影响着农村移民的生计风险管理能力。张科静等(2016)认为,农户在遭遇风险冲击时会综合运用其所拥有的五大生计资本来应对,而农户能否规避风险则由家庭拥有的各种生计资产的质量和数量来决定。同样,对于农村移民而言,生计资本是他们提高抗风险能力的重要基础,生计资本的数量和质量直接影响着农村移民的生计风险管理能力。农村移民生计风险规避,也必须要以生计资本为基础。如果农村移民拥有足够的生计资本,当他们在遭受到突发事件、疾病或意外事件时,他们可以通过资产性收入,降低生计风险,从而保障他们较高的生计水平。第二,生计资本的优化组合方式,有助于提高农村移民生计风险管理能力。许汉石和乐章(2012)认为,优质高效的生计资本是农户降低生计脆弱性,增强风险抵御能力的基础,农户的生计状况很大程度上取决于各种生计资本的综合作用。对于农村移民而言,尤为如此。优质高

效的生计资本有利于降低农村移民的生计脆弱性，增强生计风险抵御能力的基础。农村移民根据自身生计资本状况，对生计资本进行优化组合，不仅有助于提高生计资本的运作效率，而且有助于对生计风险的有效管理。基于此，本书提出如下假设：

H2：农村移民生计资本对他们的生计风险管理能力产生正向影响。

农村移民的生计资本包括人力资本、金融资本、社会资本、物质资本、自然资本五个维度，农村移民生计资本的不同维度与生计风险管理的关系假设如下：

1. 农村移民人力资本与生计风险管理的关系假设

通过检索人力资本与生计风险之间关系的文献，笔者发现现有文献主要研究农户的人力资本与生计风险管理之间的关系，如苏芳和尚海洋（2012）认为，人力资本和金融资本是影响农户采取风险应对措施最显著的因素，研究表明采取增加金融资本、提升农户的人力资本等措施，可以增强农户的抗风险能力。Ingenillem 等（2014）提出，农户的教育背景影响着他们的风险管理水平。赵雪雁等（2015）提出，人力资本是影响农户风险管理的最重要因素。

农村移民也属于农民，具有农民的共性。基于以上分析，本书认为农村移民人力资本的投入，有利于提高他们的生计风险管理能力，具体体现在三个方面：第一，农村移民的教育水平影响着他们的风险管理能力。农村移民教育水平越高，越有利于识别身边存在的生计风险以及对潜在的生计风险做出科学合理的评估。第二，农村移民的技能水平影响着他们的生计风险管理能力。农村移民的技能水平越高，越有利于评估身边潜在的生计风险。第三，劳动力数量影响着农村移民的生计风险管理能力。农村移民家庭的劳动力数量越多，越有利于他们抵御各种生计风险。基于以上分析，本书提出如下假设：

H2a：农村移民的人力资本对他们的生计风险管理能力产生正向影响。

2. 农村移民金融资本与生计风险管理的关系假设

通过检索金融资本与生计风险管理之间关系的文献，发现很多研究者提出金融资本有助于提高人们的风险管理能力，如王丽霞（2006）认为，人们可以使用金融资本来降低生计风险。郑永君（2016）提出，资金的投入与回放是软化生计风险约束、降低生计风险的可行策略。对于农村移民而言，金融资本对生计风险管理可能会产生积极的正向影响，具体如下：

第一，金融资本的积累，有助于提高农村移民评估生计风险的能力。金融资本是生计风险管理的重要手段，金融资本越多的农村移民，他们拥有的储蓄、融资渠道可能会更多一些，越有能力评估身边可能出现的生计风险。第二，金融资本的投入与回放有利于农村移民软化生计风险约束，降低生计风险。当遇到生计风险时，农村移民可以通过投入金融资本或回收金融资本等方式分散或转移生计风险，从而提升生计风险防范能力，规避更多的生计风险。因而，农村移民的金融资本越多，越有利于他们实现生计风险管理的有效管理。基于以上分析，本书提出如下假设：

H2b：农村移民的金融资本对他们的生计风险管理能力产生正向影响。

3. 农村移民社会资本与生计风险管理的关系假设

通过检索社会资本与生计风险之间关系的文献，很多研究者认为社会资本有助于提高人们的风险管理能力，如黄岩等（2009）认为，社会资本可以转化为信息手段和风险控制手段。Linkov等（2013）认为，大多数重要的风险管理决策并不是由个人来决定的，而是借助于群体、团队、组织等力量共同决定的。从以上研究可知，社会资本的积累有利于促进个体的风险管理，当个体遭遇潜在的生计风险时，往往会借助于社会网络的力量，获取有利于风险控制的信息，从而帮助他们做出合理的风险管理策略。

对于农村移民而言，社会资本对他们生计风险管理可能会产生积极的正向影响，具体如下：第一，农村移民可以通过社会关系网络的力量，如通过亲戚朋友的关系，获取更多识别生计风险、评估生计风险的方法，从而提高他们的生计风险管理能力，做出科学合理地控制风险的决策；第二，农村移民可以通过社会关系网络，得到更多的资金、情感、方法上的帮助和支持，从而增强他们的生计风险管理能力。基于以上分析，本书提出如下假设：

H2c：农村移民的社会资本对他们的生计风险管理能力产生正向影响。

4. 农村移民物质资本与生计风险管理的关系假设

通过检索物质资本与生计风险之间关系的文献，发现很多研究者认为物质资本有助于加强人们的风险管理能力，如李昌荣（2015）认为，家庭所拥有的物质资产是农户以往经营成果的体现，包括房屋、农用固定资产以及一些耐用消费品等，这些资产反映他们的第二偿还能力和担保能力。就现实来讲，尽管大部分这类资产还无法用以做抵押，很难起到抵押品的功能,但是在某种程度上,物质资本的多寡却能象征一个家庭的财富富有程度。一般而言,农村移民所拥有的物质资产价值越高,意味着他们抵抗风险能力越强。

对于农村移民而言,物质资本对其生计风险管理可能会产生积极的正向影响,具体如下:农村移民物质资本反映着他们的第二偿还能力和担保能力,当农村移民身边存在潜在的生计风险时,他们可以充分利用物资资本,转移或缓解生计风险,如他们可以通过抵押、变卖物质资产的方式获得现金,应付潜在的生计风险。因此,对于农村移民而言,物质资本是提高他们的生计风险处理能力的重要物质基础,优质的物质资本有助于提高农村移民提高抵御风险的能力。基于以上分析,本书提出如下假设:

H2d:农村移民的物质资本对他们的生计风险管理能力产生正向影响。

5. 农村移民自然资本与生计风险管理的关系假设

关于自然资本与生计风险管理之间关系的研究较少,研究者主要从可持续生计角度,探讨当自然资本遭受到威胁时,人们采取的规避风险的措施。如陈传波(2004)指出,农户可以通过改变生产活动的安排来降低生计风险,如通过优化配置生产季节前和生产期间的资源,来管理风险,促进农户获得稳定收入。自然资本对农村移民生计风险管理的影响主要体现在三个方面:第一,耕地质量影响土地的利用率,耕地质量越高,则土地的产出率越高,农村移民获得的收益就越大,越有助于他们处理各种生计风险。第二,农村移民所拥有的自然资本越多,当遇到潜在的生计风险时,他们可以扩大生产,积累更多的财富资源,转移或者规避各种生计风险。第三,农村移民根据自身自然资本情况,采取一系列降低生计风险的措施,如种植多种农作物、高效益的经济作物、实施多样化的种植模式等方式,提高土地的产出效率,从而规避潜在的生计风险。基于以上分析,本书提出如下假设:

H2e:农村移民的自然资本对他们的生计风险管理能力产生正向影响。

三、农村移民生计风险管理与可持续生计的关系假设

通过检索文献发现,关于生计风险管理与可持续生计之间关系的文献,研究者认为生计风险管理有助于提高人们的可持续生计水平。Martha等(2003)认为,在可持续分析框架下,农户处在自由市场、制度、政

策、自然因素等造成的风险环境中，应充分利用其拥有的生计财产、政策以及生计策略，提升自己的生计水平。Krysiak（2009）认为，生计风险管理是维持人们可持续生计的重要条件。风险管理不仅能够提供给决策者相关信息，而且可以帮助他们合理分配现有资源，从而平衡收益和风险的关系。Ingenillem等（2014）采取实证研究的方式，分析了风险管理与可持续生计之间的关系，结果表明，多种风险管理措施有利于提高人们的可持续生计水平。史俊宏（2015）根据可预见的风险以及不可预见的风险，提出实施不同的风险管理策略是实现生态移民生计转型的重要条件。王永平等（2014）指出，贫困、生态、文化稳定及政策等一系列风险会对生态移民可持续发展造成一定影响，因此，移民要重视风险管理的作用。

基于以上分析，可知加强风险管理是维持人们可持续生计的重要条件。对于农村移民而言，更应重视生计风险管理的作用。农村移民是生产和经营的主体，也是生计风险管理的绝对主力。生计风险管理对农村移民可持续生计的影响主要体现在四个方面：第一，降低生计风险损失，促进农村移民的可持续生计发展。农村移民要充分重视生计风险管理的作用，这样才能有效治理生计风险，降低与风险有关的成本，减少因风险带来的损失，从而促进可持续生计发展；第二，建立有效的预警机制，促进农村移民的可持续生计发展。农村移民需要建立有效的预警机制，采取相应的措施，减少冲击或负面波动的发生概率，从而促进农村移民的可持续生计发展；第三，降低生计风险，促进农村移民的可持续生计发展。有效的风险管理，有助于农村移民合理分配现有的生计资源，提高生计资本的运作效率，降低生计风险，从而促进农村移民的可持续生计发展；第四，减少贫困，提高福利，促进可持续生计发展。对于农村移民而言，有效的生计风险管理，有助于农村移民对影响生计的风险因素进行充分评估以及控制，这样才能减少贫困，提高个体或家庭的福利水平，促进农村移民的可持续生计发展。基于以上分析，本书提出如下假设：

H3：农村移民的生计风险管理对他们的可持续生计产生正向影响。

基于以上分析可知，农村移民风险管理对可持续生计产生正向影响。农村移民生计风险管理包括生计风险识别、生计风险评估与生计风险治理三个维度。农村移民生计风险管理的不同维度对可持续生计的关系假设如下：

1. 农村移民生计风险识别与可持续生计的关系假设

欧勇胜等（2012）指出，移民风险识别是指运用一定的方法，系统、连续地认识水电移民过程中所面临的各种风险因素和风险后果的行为。通过检索生计风险识别与可持续生计之间关系的文献，发现很多研究者认为人们的风险识别能力有助于促进他们的可持续生计发展，如孔寒凌等（2007）采取实地调研的方式，调查了农户面对疾病、自然灾害、缺乏种养技术、缺乏市场信息、假农资物品、教育等生计风险的感知情况，并提出了许多帮助农户应对生计风险，促进农户长远生计的策略。Ingenillem 等（2014）认为，个体风险认识直接影响着农民维持生计和未来几代人的能力。可见，风险识别是维持农户可持续生计的重要条件。

对于农村移民而言，生计风险识别有助于提高他们的可持续生计水平，具体表现在两个方面：第一，有助于事前的风险预警。农村移民若是能有效识别身边潜在的生计风险，有利于他们采取相应的防御措施，对生计风险发生前的事情进行有效控制，促进他们的可持续生计发展。第二，有助于事后的风险控制。农村移民若是能有效识别身边潜在的生计风险，有利于他们对风险发生后的事情进行有效管理，从而为可持续生计创设良好的条件。基于以上分析，本书提出如下假设：

H3a：农村移民的生计风险识别对他们的可持续生计产生正向影响。

2. 农村移民生计风险评估与可持续生计的关系假设

陈传波（2004）认为，风险评估包括事前风险发生的概率和事后的风险估计两个方面。刘学文（2014）认为，风险估计是指从风险发生的概率、可能造成的损失、风险度量等方面进行考量，确定风险等级、可接受水平以及风险决策等方面的问题。Guillemette 等（2015）认为，风险评估有助于科学设定一个最佳的资产配置策略，从而降低风险可能造成的损失。对于农村移民而言，风险评估有助于提高他们的可持续生计水平，具体表现在两个方面：第一，通过生计风险评估，农村移民可以合理确定生计风险发生的概率，分析可能造成的损失以及造成这些风险的原因和自身是否承受这些风险等问题；确定这些问题之后，农村移民可以采取相应的措施，减少或转移生计风险；第二，通过生计风险评估，农村移民可以科学设定一个最佳的资产配置策略，降低生计风险的损失，有利于他们对风险发生后的事情进行有效管理，从而为可持续生计创设良好的条件。基于以上分析，本书提出如下假设：

H3b：农村移民的生计风险评估对他们的可持续生计产生正向影响。

3. 农村移民生计风险治理与可持续生计的关系假设

陈传波（2014）认为，风险治理策略包括事前的处理策略和事后的处理策略两个方面。对于农村移民而言，采取事前的风险处理策略以及事后的风险处理策略，均有助于促进可持续生计发展。农村移民生计风险治理对可持续生计的影响主要体现在两个方面：第一，事前的风险处理策略。农村移民根据事前风险情况，采取相应的防御措施，从而对事前风险进行有效控制，保障他们的可持续生计；第二，事后的风险处理策略。农村移民根据事后风险情况，采取相应的风险治理措施，有效控制生产、生活中存在的风险，从而保障他们的可持续生计。基于以上分析，本书提出如下假设：

H3c：农村移民的生计风险治理对他们的可持续生计产生正向影响。

四、农村移民生计风险管理在生计资本与可持续生计之间的中介作用假设

从前面的假设论述中可以看出，农村移民的生计风险管理水平不完全建立在个人的风险处理水平上，而是受到个人拥有的生计资本的影响。农村移民生计资本的积累，可以为他们积累更多的知识技能，社会网络资源、财富资源等。农村移民的人力资本、金融资本、社会资本、物质资本、自然资本的积累，又有利于提高他们的生计风险管理能力，如生计风险识别能力、生计风险评估能力、生计风险治理能力，而农村移民生计风险管理能力的提升，又有助于他们制定风险控制策略，进而促进他们可持续生计水平的提高。因此，农村移民生计资本对他们的可持续生计产生影响，是通过生计风险管理这个中介变量来实现的，也就是说，农村移民的生计资本会通过生计风险管理而作用于他们的可持续生计。基于此，本书提出如下假设：

H4：农村移民生计资本通过中介变量生计风险管理对他们的可持续生计产生正向影响。

H4a：农村移民生计资本通过中介变量生计风险识别对他们的可持续生计产生正向影响。

H4b：农村移民生计资本通过中介变量生计风险评估对他们的可持续

生计产生正向影响。

H4c：农村移民生计资本通过中介变量生计风险治理对他们的可持续生计产生正向影响。

五、制度环境在生计资本与农村移民可持续生计之间的调节作用假设

近年来，我国中央政府和地方各级政府都相继出台了一系列有关促进移民生计发展的相关政策。国家层面上代表性的政策如《全国对口支援三峡库区合作规划（2014~2020年）》《大中型水利水电工程建设征地补偿和移民安置条例》《国务院关于完善大中型水库移民后期扶持政策的意见》。地方层面代表性的政策如《重庆市三峡库区农村移民安置管理办法》《三峡库区移民后期扶持政策》等。一系列支持移民政策的出台，标志着我国移民生计发展的制度环境得到了较大的改善。

良好的制度环境对可持续生计发展具有积极的促进作用，如Yusufruct（1995）指出，政府的创业政策支持、制定的创业教育培训相关制度与条例等都是促进就业的关键要素之一；Stathopoulou等（2004）研究表明，强有力的地方治理能够消除地理、环境及经济等方面的障碍，能为经济发展营造有利的政策环境。Klappera等（2006）指出，完善的信贷市场和充分的创业信贷支持有利于为生计发展创设良好的条件。基于以上研究，本书认为良好的制度环境有利于促进农村移民的可持续生计，政府在农村移民可持续生计发展中起关键性作用。制度环境对农村移民可持续生计的影响主要体现在：第一，通过制定教育政策、技能培训政策，鼓励移民参与技能培训，提高其人力资本水平，为可持续生计水平的提升创造条件。第二，通过制定宽容的生计发展政策，如创业投资政策、信贷政策，减少生计风险，增加就业需求，促进农村移民物质资本的积累，从而为农村移民的可持续生计发展积累良好的物质基础。第三，良好的制度环境，可以改善农村移民的生产生活条件，促进他们自然资本的积累，为农村移民的生产生活创设良好的条件，从而促进他们的可持续生计发展。第四，政府通过搭建各种就业平台，为农村移民就业创造良好的社会环境。农村移民可以借助于这些就业平台获取更多就业机会，促进他们社会资本以及金融资本的积累，从而为农村移民可持续生计发展创设良好的条件。基于此，本

书提出如下假设:

H5a:制度环境在人力资本、物质资本与农村移民的可持续生计之间产生正向调节作用。

H5b:制度环境在社会资本、金融资本、自然资本与农村移民的可持续生计关系中产生正向调节作用。

第二节 研究假设的汇总

本书的研究假设如表5-1所示,具体包括五个大假设:农村移民生计资本与可持续生计的关系假设、农村移民生计资本与生计风险管理的关系假设、农村移民生计风险管理与可持续生计的关系假设、农村移民生计风险管理的中介作用的假设、制度环境在生计资本与农村移民可持续生计之间产生调节作用。

表5-1 研究假设的汇总

假设序号	假设内容
H1	农村移民的生计资本对他们的可持续生计产生正向影响
H1a	农村移民的人力资本对他们的可持续生计产生正向影响
H1b	农村移民的金融资本对他们的可持续生计产生正向影响
H1c	农村移民的社会资本对他们的可持续生计产生正向影响
H1d	农村移民的物质资本对他们的可持续生计产生正向影响
H1e	农村移民的自然资本对他们的可持续生计产生正向影响
H2	农村移民的生计资本对他们的生计风险管理能力产生正向影响
H2a	农村移民的人力资本对他们的生计风险管理能力产生正向影响
H2b	农村移民的金融资本对他们的生计风险管理能力产生正向影响
H2c	农村移民的社会资本对他们的生计风险管理能力产生正向影响
H2d	农村移民的物质资本对他们的生计风险管理能力产生正向影响
H2e	农村移民的自然资本对他们的生计风险管理能力产生正向影响

续表

假设序号	假设内容
H3	农村移民的生计风险管理对他们的可持续生计产生正向影响
H3a	农村移民的生计风险识别对他们的可持续生计产生正向影响
H3b	农村移民的生计风险评估对他们的可持续生计产生正向影响
H3c	农村移民的生计风险治理对他们的可持续生计产生正向影响
H4	农村移民生计资本通过中介变量生计风险管理对他们的可持续生计产生正向影响
H4a	农村移民生计资本通过中介变量生计风险识别对他们的可持续生计产生正向影响
H4b	农村移民生计资本通过中介变量生计风险评估对他们的可持续生计产生正向影响
H4c	农村移民生计资本通过中介变量生计风险治理对他们的可持续生计产生正向影响
H5a	制度环境在人力资本、物质资本与农村移民的可持续生计之间产生正向调节作用
H5b	制度环境在社会资本、金融资本、自然资本与农村移民的可持续生计之间产生正向调节作用

第三节 农村移民生计资本对可持续生计的影响分析

一、农村移民整体生计资本对可持续生计的影响分析

本书运用 AMOS17.0 软件建立结构方程模型，分析了生计资本与农村移民可持续生计的影响关系。经模型修正后，模型的拟合结果如下：第一，χ^2/DF 为 1.865，小于 3，RMSEA 为 0.052，小于 0.08；CFI、IFI、GFI、NFI 的值分别为 0.956、0.957、0.906、0.911，均大于临界值 0.90，AGFI 值为 0.877，接近临界值 0.90，处于可接受范围。从这些拟合指标可知，农村移民生计资本与可持续生计的影响关系模型具有有效性，支持理论假设（见表5-2）。第二，从表5-3、图5-1可知，农村移民生计资本

对可持续生计的标准化系数为0.772，P值在0.001水平上达到显著，这说明生计资本对农村移民的可持续生计具有显著的正向影响，假设H1成立。

表5-2 生计资本与农村移民可持续生计关系模型的拟合指标

拟合指标	χ^2/DF	GFI	AGFI	NFI	CFI	IFI	RMSEA
标准值	<3	>0.90	>0.90	>0.90	>0.90	>0.90	<0.08
结构模型	1.865	0.906	0.877	0.911	0.956	0.957	0.052

表5-3 生计资本与农村移民可持续生计关系模型的标准化系数估计值

路径	标准化参数估计值	S.E.	C.R.	P值	结果
金融资本←生计资本	0.537	—	—	—	支持假设
人力资本←生计资本	0.727	0.231	6.366	***	支持假设
物质资本←生计资本	0.0867	0.183	3.073	0.002	支持假设
社会资本←生计资本	0.476	0.162	5.321	***	支持假设
自然资本←生计资本	0.624	0.267	5.857	***	支持假设
可持续生计←生计资本	0.772	0.196	6.022	***	支持假设

注：***表示显著性水平P<0.001。

二、生计资本不同维度对农村移民可持续生计的影响分析

本书运用AMOS17.0软件建立结构方程模型，分析了生计资本不同维度与农村移民可持续生计的影响关系。经模型修正后，模型的拟合结果如下：χ^2/DF为1.910，小于3，RMSEA为0.053，小于0.08；CFI、IFI、GFI、NFI的值分别为0.956、0.956、0.909、0.912，均大于临界值0.90，AGFI的值为0.876，接近临界值0.90，处于可接受范围之内。从这些拟合指标可知，模型拟合结果较好（见表5-4）。

第五章 三峡库区农村移民可持续生计影响因素分析

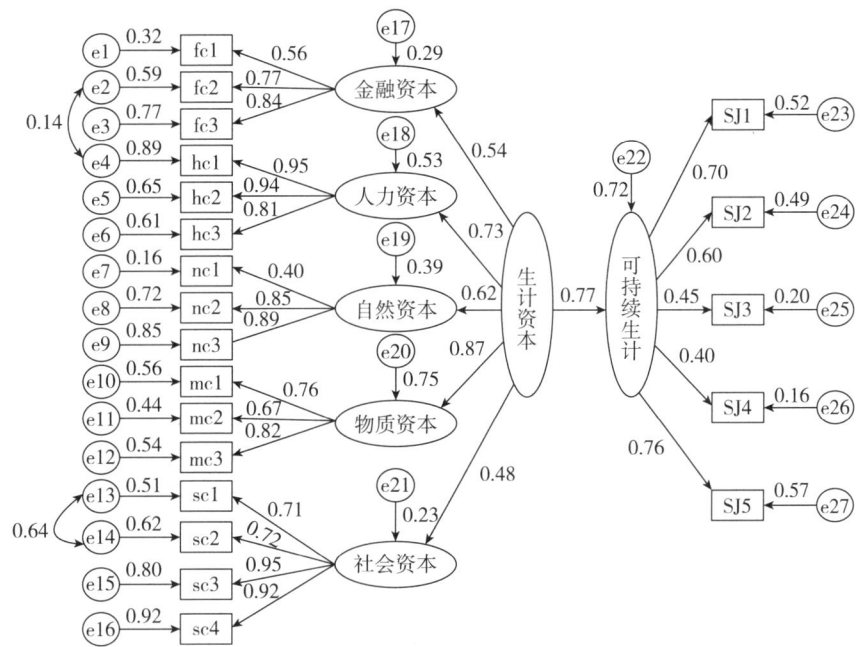

图 5-1　生计资本与农村移民可持续生计的关系模型

表 5-4　生计资本不同维度与农村移民可持续生计关系模型的拟合指标

拟合指标	X^2/DF	GFI	AGFI	NFI	CFI	IFI	RMSEA
标准值	<3	>0.90	>0.90	>0.90	>0.90	>0.90	<0.08
结构模型	1.910	0.909	0.876	0.912	0.956	0.956	0.053

表 5-5　生计资本不同维度与农村移民可持续生计关系模型的标准化系数估计值

路径	标准化参数估计值	S.E.	C.R.	P 值	结果
可持续生计←自然资本	0.014	0.047	0.191	0.848	不支持假设
可持续生计←人力资本	0.210	0.051	2.610	0.009	支持假设
可持续生计←物质资本	0.328	0.095	3.016	0.003	支持假设
可持续生计←金融资本	0.190	0.067	2.410	0.016	支持假设
可持续生计←社会资本	0.209	0.053	3.367	***	支持假设

注：*** 表示显著性水平 $P<0.001$。

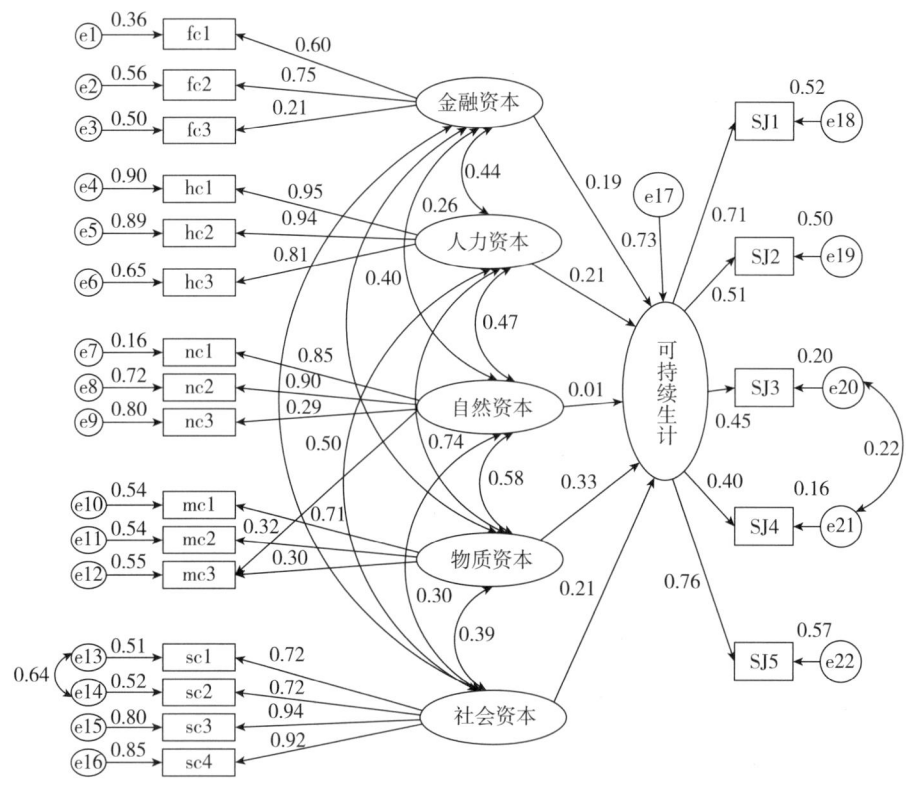

图 5-2　生计资本不同维度与农村移民可持续生计的关系路径

从表 5-5、图 5-2 结果可知，农村移民的人力资本、物质资本、金融资本、社会资本对农村移民可持续生计的标准化参数估计值分别为 0.210、0.328、0.190、0.209，P 值均达到显著性水平，这说明农村移民的人力资本、物质资本、金融资本、社会资本对农村移民可持续生计具有显著的正向影响。从标准化参数估计值来看，人力资本、物质资本、金融资本、社会资本对农村移民可持续生计的影响存在一定差异，具体如下：物质资本>人力资本>社会资本>金融资本，这说明物质资本对农村移民可持续生计的正向作用程度更大，金融资本对农村移民可持续生计的影响较小。但是，农村移民的自然资本对农村移民可持续生计没有产生显著的正向影响（P>0.10），这正好验证了假设 H1a、H1b、H1c、H1d，假设 H1e 没有得以验证。可能的解释如下：随着经济的发展，农业规模化经营步伐的加快，部分农村移民将土地流转出去，加之，部分农村移民以外出打工为主，因而导致部分农村移民对自然资本的依赖程度降低，因此自然资本对农村移民的可持续生计水平而言，影响不是很大。

第四节 农村移民生计资本对生计风险管理的影响分析

一、农村移民生计资本整体对生计风险管理的影响分析

本书运用AMOS17.0软件建立结构方程模型，分析了生计资本整体与农村移民生计风险管理的影响关系。经模型修正后，模型的拟合结果如下：第一，χ^2/DF 为1.899，小于3，RMSEA为0.053，小于0.08；GFI、CFI、IFI、NFI的值分别为0.901、0.949、0.949、0.901，均大于临界值0.90，AGFI的值为0.861，接近临界值0.90，处于可接受的范围。从这些拟合指标可知，模型拟合情况较好，支持理论假设（见表5-6）。第二，从表5-7、图5-3可知，农村移民生计资本对生计风险管理的标准化系数为0.737，P值在0.001水平上达到显著，这说明农村移民生计资本对生计风险管理具有显著的正向影响，假设H2成立。

表5-6 农村移民生计资本与生计风险管理关系模型的拟合指标

拟合指标	χ^2/DF	GFI	AGFI	NFI	CFI	IFI	RMSEA
标准值	<3	>0.90	>0.90	>0.90	>0.90	>0.90	<0.08
结构模型	1.899	0.901	0.861	0.901	0.949	0.949	0.053

表5-7 农村移民生计资本与生计风险管理关系模型的标准化系数估计值

路径	标准化参数估计值	S.E.	C.R.	P值	结果
生计风险管理←生计资本	0.737	0.090	7.637	***	支持假设

续表

路径	标准化参数估计值	S.E.	C.R.	P值	结果
生计风险识别←生计风险管理	0.520	0.067	6.391	***	支持假设
生计风险治理←生计风险管理	0.862	—	—	—	支持假设
生计风险评估←生计风险管理	0.801	0.093	10.030	***	支持假设
金融资本←生计资本	0.513	0.020	3.187	0.001	支持假设
物质资本←生计资本	0.858	0.099	3.169	0.002	支持假设
人力资本←生计资本	0.727	0.098	8.263	***	支持假设
社会资本←生计资本	0.468	0.073	6.346	***	支持假设
自然资本←生计资本	0.641	—	—	—	支持假设

注：*** 表示显著性水平 P<0.001。

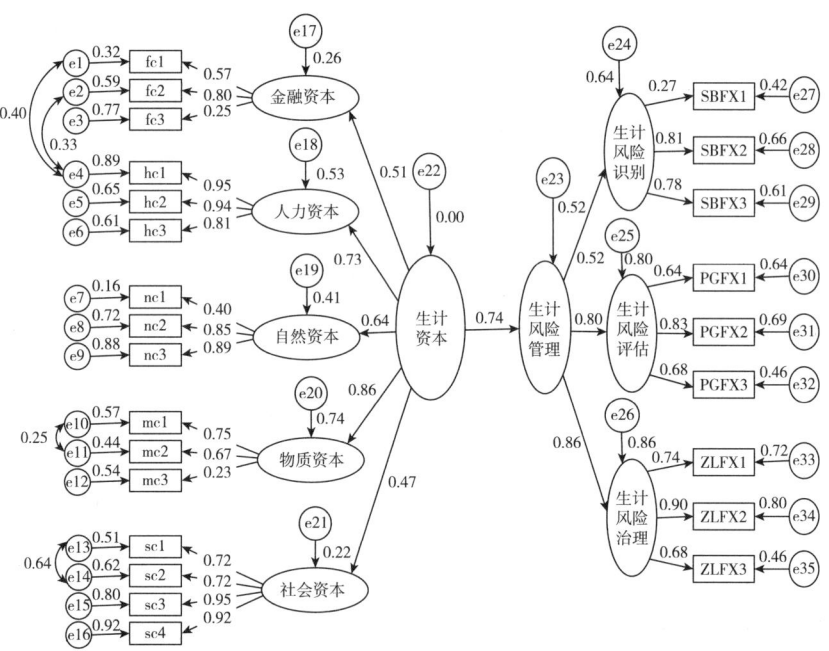

图 5-3 农村移民生计资本与生计风险管理的关系路径

二、农村移民生计资本不同维度对生计风险管理的影响分析

本书运用AMOS17.0软件建立结构方程模型,分析了生计资本不同维度与农村移民生计风险管理的影响关系。经模型修正后,模型的拟合结果如下:第一,χ^2/DF为1.899,小于3,RMSEA为0.053,小于0.08;GFI、CFI、IFI、NFI的值分别为0.902、0.950、0.951、0.901,均大于临界值0.90,AGFI的值为0.862,接近临界值0.90,处于可接受的范围。从这些拟合指标可知,农村移民生计资本不同维度与生计风险管理的影响关系模型具有有效性,支持理论假设(见表5-8)。第二,从表5-9、图5-4可知,社会资本对生计风险管理的标准化系数为0.207,P值在0.01水平上达到显著,人力资本对生计风险管理的标准化系数为0.220,P值在0.05水平上达到显著,金融资本对生计风险管理的标准化系数为0.207,P值在0.05水平上达到显著,物质资本对生计风险管理的标准化系数为0.289,P值在0.05水平上达到显著。这说明社会资本、人力资本、金融资本、物质资本对生计风险管理具有显著的正向影响,假设H2a、H2b、H2c、H2d成立。从标准化参数估计值来看,人力资本、物质资本、金融资本、社会资本对农村移民生计风险管理的影响存在一定差异,具体如下:物质资本对农村移民生计风险管理的正向作用程度更大,社会资本、金融资本对农村移民生计风险管理的影响较小。

表5-8 农村移民生计资本不同维度与生计风险管理关系模型的拟合指标

拟合指标	χ^2/DF	GFI	AGFI	NFI	CFI	IFI	RMSEA
标准值	<3	>0.90	>0.90	>0.90	>0.90	>0.90	<0.08
结构模型	1.899	0.902	0.862	0.901	0.950	0.951	0.053

表5-9 农村移民生计资本不同维度与生计风险管理关系模型的标准化系数估计值

路径	标准化参数估计值	S.E.	C.R.	P值	结果
生计风险管理←社会资本	0.207	0.027	2.905	0.004	支持假设

续表

路径	标准化参数估计值	S.E.	C.R.	P值	结果
生计风险管理←人力资本	0.220	0.025	2.455	0.014	支持假设
生计风险管理←金融资本	0.207	0.351	2.018	0.044	支持假设
生计风险管理←物质资本	0.289	0.045	2.590	0.010	支持假设
生计风险评估←生计风险管理	0.796	0.411	5.676	***	支持假设
生计风险治理←生计风险管理	0.865	0.438	5.800	***	支持假设
生计风险识别←生计风险管理	0.557	—	—	—	支持假设

注：***表示显著性水平P<0.001。

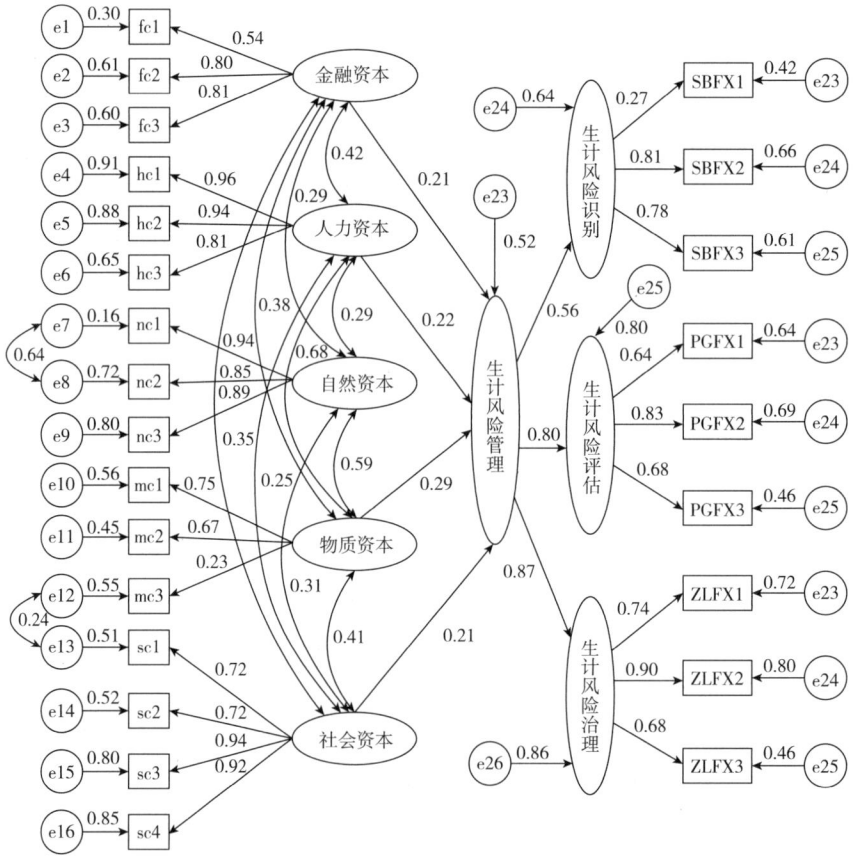

图5-4 农村移民生计资本不同维度与生计风险管理的关系路径

第五节 生计风险管理对农村移民可持续生计的影响分析

一、生计风险管理整体对农村移民可持续生计的影响分析

本书运用 AMOS17.0 软件建立结构方程模型，分析了生计风险管理整体与农村移民可持续生计的影响关系。经模型修正后，模型的拟合结果如下：第一，X^2/DF 值为 2.647，小于参考值 3，RMSEA 值为 0.072，小于 0.08，GFI、NFI、IFI、CFI 值分别为 0.923、0.907、0.940、0.939，均大于参考值 0.90，AGFI 的值为 0.886，接近临界值 0.90，该值处于可接受的范围。从这些拟合指标可知，农村移民生计风险管理与可持续生计的影响关系模型具有有效性，支持理论假设（见表5-10）。第二，从表5-11、图5-5可知，农村移民生计风险管理对可持续生计的标准化系数为 0.782，P 值在 0.001 水平上达到显著，这说明农村移民生计风险管理对可持续生计具有显著的正向影响，假设 H3 成立。

表 5-10 生计风险管理与农村移民可持续生计关系模型的拟合指标

拟合指标	X^2/DF	GFI	AGFI	NFI	CFI	IFI	RMSEA
标准值	<3	>0.90	>0.90	>0.90	>0.90	>0.90	<0.08
结构模型	2.647	0.923	0.886	0.907	0.939	0.940	0.072

表 5-11 生计风险管理与农村移民可持续生计影响关系模型的标准化系数估计值

路径	标准化参数估计值	S.E.	C.R.	P 值	结果
风险评估←生计风险管理	0.793	0.208	6.485	***	支持假设
风险治理←生计风险管理	0.876	0.232	6.593	***	支持假设

续表

路径	标准化参数估计值	S.E.	C.R.	P值	结果
风险识别←生计风险管理	0.523	—	—	—	支持假设
可持续生计←生计风险管理	0.782	0.193	6.381	***	支持假设

注：*** 表示显著性水平 P<0.001。

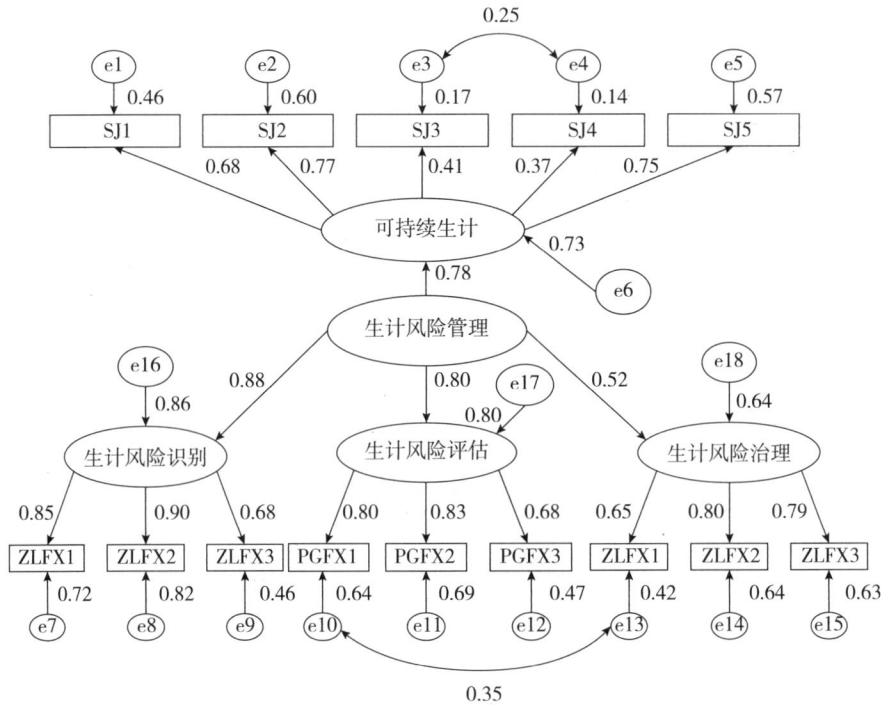

图 5-5 生计风险管理与农村移民可持续生计的关系路径

二、生计风险管理不同维度对农村移民可持续生计的影响分析

本书运用 AMOS17.0 软件建立结构方程模型，分析了生计风险管理不同维度与农村移民可持续生计的影响关系。经模型修正后，模型的拟合结

果如下：第一，χ^2/DF 值为 2.805，小于参考值 3，RMSEA 值为 0.075，小于 0.08，GFI、NFI、IFI、CFI 的值分别为 0.918、0.903、0.935、0.934 均大于参考值 0.90，AGFI 的值为 0.878，接近临界值 0.90，该值处于可接受的范围。从这些拟合指标可知，农村移民生计风险管理不同维度与可持续生计的影响关系模型具有有效性，支持理论假设（见表 5-12）。第二，从表 5-13、图 5-6 可知，生计风险评估对可持续生计的标准化系数为 0.380，P 值在 0.001 水平上达到显著，生计风险识别对可持续生计的标准化系数为 0.166，P 值在 0.05 水平上达到显著，生计风险治理对可持续生计的标准化系数为 0.309，P 值在 0.01 水平上达到显著。这说明生计风险识别、生计风险评估、生计风险治理对农村移民可持续生计均产生显著的正向影响，假设 H3a、H3b、H3c 成立。从标准化参数估计值来看，农村移民生计风险管理各维度与可持续生计的影响程度存在一定差异，具体如下：生计风险评估>生计风险治理>生计风险识别，这说明生计风险评估对农村移民可持续生计的正向作用程度更大，生计风险识别对农村移民可持续生计的影响较小。

表 5-12　生计风险管理不同维度与农村移民可持续生计关系模型的拟合指标

拟合指标	χ^2/DF	GFI	AGFI	NFI	CFI	IFI	RMSEA
标准值	<3	>0.90	>0.90	>0.90	>0.90	>0.90	<0.08
结构模型	2.805	0.918	0.878	0.903	0.934	0.935	0.075

表 5-13　生计风险管理不同维度与农村移民可持续生计的影响关系模型的标准化系数估计值

路径	标准化参数估计值	S.E.	C.R.	P 值	结果
可持续生计←生计风险评估	0.380	0.084	4.200	***	支持假设
可持续生计←生计风险识别	0.166	0.056	2.440	0.015	支持假设
可持续生计←生计风险治理	0.309	0.085	3.236	0.001	支持假设

注：***表示显著性水平 P<0.001。

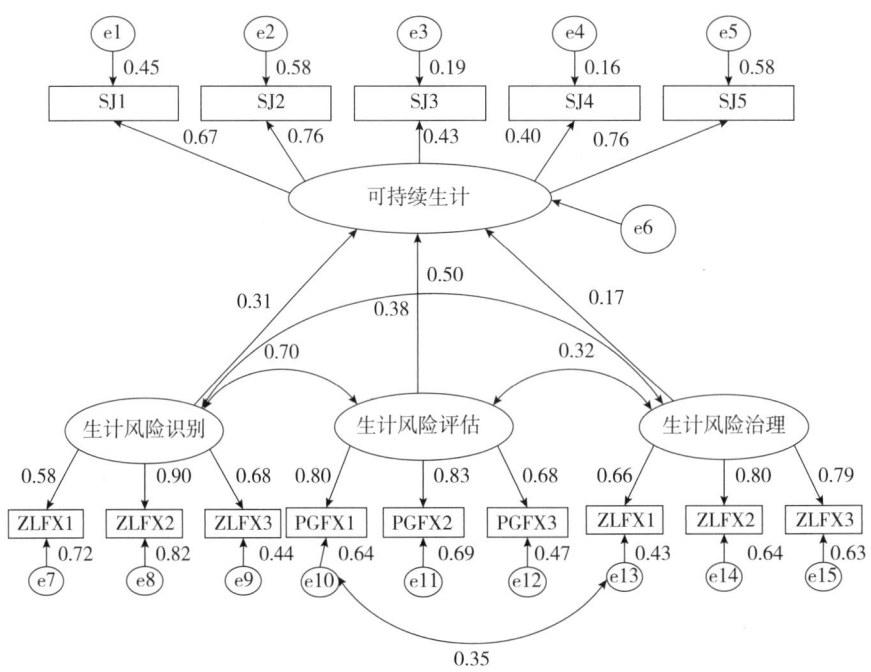

图 5-6　生计风险管理不同维度与农村移民可持续生计的关系路径

第六节　农村移民生计风险管理的中介作用

一、农村移民生计风险管理的整体中介作用

本书运用 AMOS17.0 软件建立结构方程模型，分析了生计资本、生计风险管理与农村移民可持续生计之间的影响关系。经修正后，模型的拟合结果如下：X^2/DF 值为 1.959，小于参考值 3，RMSEA 值为 0.055，小于 0.08，GFI、IFI、CFI 的值分别为 0.901、0.931、0.930，大于临界值 0.90，AGFI、NFI 的值分别为 0.886、0.868，接近临界值 0.90，数值处于

可接受的范围之内,这说明模型拟合结果较好(见表5-14)。

表5-14 生计资本、生计风险管理与农村移民持续生计之间关系模型的拟合指标

模型	χ^2/DF	GFI	AGFI	NFI	IFI	CFI	RMSEA
标准值	<3	>0.90	>0.90	>0.90	>0.90	>0.90	<0.08
结构模型	1.959	0.901	0.886	0.868	0.931	0.930	0.055

从表5-15、图5-7可知,生计资本对农村移民可持续生计的标准化系数为0.414,P值在0.001水平上达到显著,生计资本对生计风险管理的标准化系数为0.735,P值在0.001水平上达到显著,生计风险管理对农村移民可持续生计的标准化系数为0.491,P值在0.001水平上达到显著。这说明生计资本通过中介变量生计风险管理对农村移民可持续生计产生正向影响,假设H4成立。

表5-15 生计资本、生计风险管理与农村移民持续生计之间关系模型的标准化系数估计值

路径	标准化参数估计值	S.E.	C.R.	P值	结果
可持续生计←生计资本	0.414	0.108	3.339	***	支持假设
生计风险管理←生计资本	0.735	0.092	6.786	***	支持假设
可持续生计←生计风险管理	0.491	0.123	4.078	***	支持假设
社会资本←生计资本	0.478	0.087	6.280	***	支持假设
人力资本←生计资本	0.728	0.115	8.098	***	支持假设
物质资本←生计资本	0.857	0.111	3.033	0.002	支持假设
金融资本←生计资本	0.523	0.107	5.915	***	支持假设
自然资本←生计资本	0.632	—	—	—	支持假设
生计风险评估←生计风险管理	0.825	0.117	8.124	***	支持假设
生计风险治理←生计风险管理	0.843	—	—	—	支持假设
生计风险识别←生计风险管理	0.336	0.058	3.574	***	支持假设

注:***表示显著性水平P<0.001。

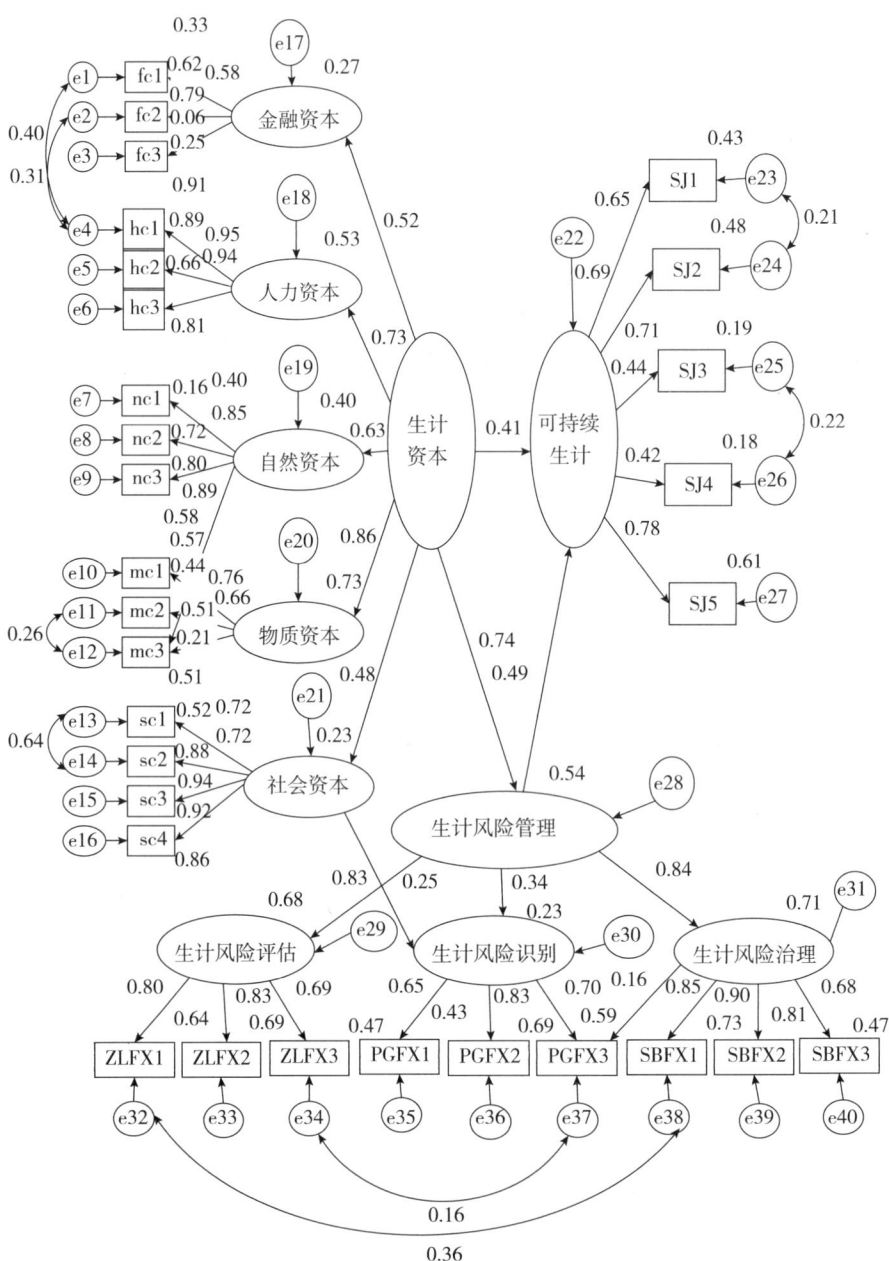

图 5-7 生计资本、生计风险管理与农村移民可持续生计的关系路径

二、生计风险管理不同维度的中介作用

1. 维度1：生计风险识别的中介效应作用

从农村移民生计风险管理、生计风险识别与可持续生计影响的关系检验结果（修正后），模型的拟合结果从表5-16可知：χ^2/DF值为1.735，小于参考值3，RMSEA值为0.048，小于0.08，GFI、NFI、IFI、CFI的值分别为0.908、0.907、0.958、0.958，均大于0.90，AGFI为0.877，基本接近0.90，处于模型可接受的范围，这说明模型的拟合结果较好。

表5-16 生计资本、生计风险识别与农村移民可持续生计影响关系模型的拟合指标

拟合指标	χ^2/DF	GFI	AGFI	NFI	CFI	IFI	RMSEA
标准值	<3	>0.90	>0.90	>0.90	>0.90	>0.90	<0.08
结构模型	1.735	0.908	0.877	0.907	0.958	0.958	0.048

由于在农村移民生计资本与可持续生计的关系检验中，自然资本对可持续生计的作用关系不显著，因此，参考侯杰泰（2004）关于中介作用检验的建议，由于自变量对因变量的作用关系不显著，因此，在进行中介效应检验时，可以不考虑中介变量的中介效应作用。

从表5-17、图5-8可知，社会资本对生计风险识别的标准化系数为0.295，P值在0.001水平上达到显著，生计风险识别对可持续生计的标准化系数为0.135，P值在0.05水平上达到显著。这表明生计风险识别在社会资本与农村移民可持续生计之间产生显著的中介作用，也就是说，社会资本通过中介变量生计风险识别对农村移民的可持续生计产生显著的正向影响，假设4a得以验证。此外，由表5-18可知，由于社会资本对可持续生计的影响达到了显著性水平，这说明社会资本被中介变量生计风险识别部分中介。

表5-17 生计资本、生计风险识别与农村移民可持续生计关系模型标准化系数估计值

路径	标准化参数估计值	S.E.	C.R.	P值	结果
生计风险识别←金融资本	0.126	0.073	1.424	0.154	不支持假设
生计风险识别←人力资本	0.141	0.053	1.595	0.111	不支持假设

续表

路径	标准化参数估计值	S.E.	C.R.	P值	结果
生计风险识别←社会资本	0.295	0.056	4.115	***	支持假设
生计风险识别←物质资本	0.085	0.245	0.775	0.438	不支持假设
可持续生计←生计风险识别	0.135	0.073	1.909	0.046	支持假设
可持续生计←社会资本	0.173	0.056	2.525	0.012	支持假设
可持续生计←物质资本	0.434	0.390	2.563	0.010	支持假设
可持续生计←人力资本	0.166	0.052	1.948	0.049	支持假设
可持续生计←金融资本	0.174	0.073	2.041	0.041	支持假设

注：***表示显著性水平 $P<0.001$。

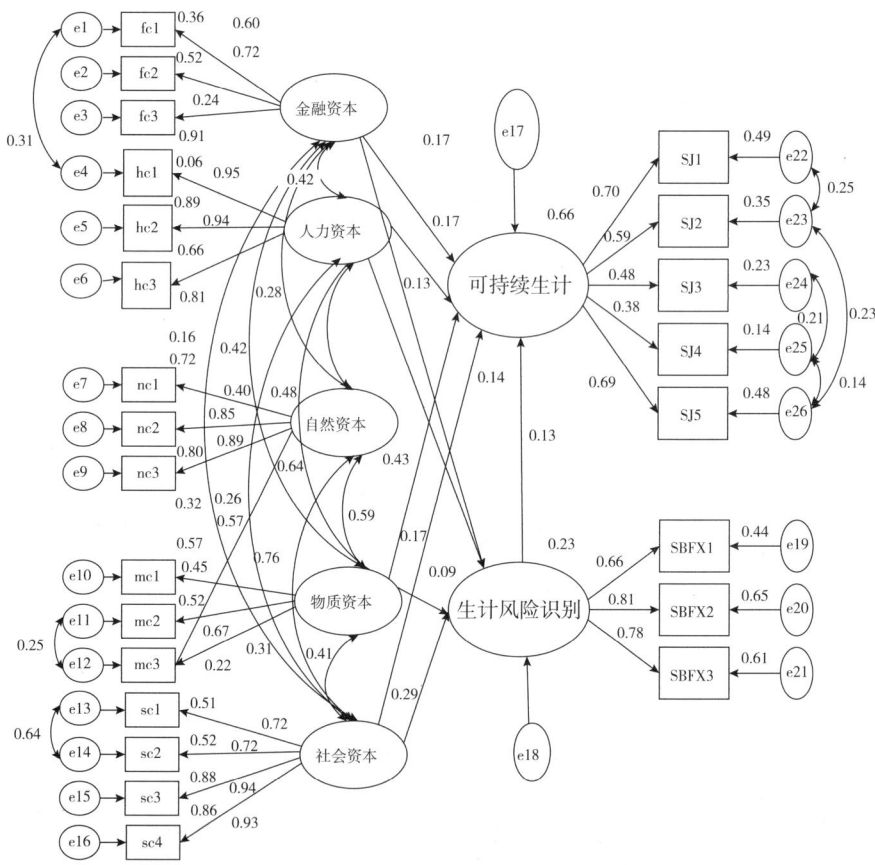

图 5-8 生计资本各维度、生计风险识别与农村移民可持续生计的关系路径

2. 维度2：生计风险评估的中介效应作用

从农村移民生计资本、生计风险评估与可持续生计影响的关系检验结果（修正后），模型的拟合结果如表5-18所示：X^2/DF 值为1.912，小于参考值3，RMSEA值为0.053，小于0.08，NFI、CFI、IFI的值分别为0.901、0.949、0.949，均大于临界值0.90，GFI、AGFI值分别为0.898、0.865，基本接近临界值0.90，数值处于模型可接受的范围之内。从这些拟合指标可知，农村移民生计资本、生计风险评估与可持续生计影响关系模型具有有效性，支持理论假设。

表5-18 生计资本、生计风险评估与农村移民可持续生计影响关系模型的拟合指标

拟合指标	X^2/DF	GFI	AGFI	NFI	CFI	IFI	RMSEA
标准值	<3	>0.90	>0.90	>0.90	>0.90	>0.90	<0.08
结构模型	1.912	0.898	0.865	0.901	0.949	0.949	0.053

从表5-19、图5-9可知，金融资本、人力资本、社会资本对生计风险评估的标准化系数分别为0.185、0.253、0.129，P值在0.05水平上达到显著，生计风险评估对可持续生计的标准化系数为0.384，P值在0.001水平上达到显著。这表明生计风险评估在金融资本、人力资本、社会资本三个维度上具有显著的中介作用，也就是说，金融资本、人力资本、社会资本通过中介变量生计风险评估对农村移民的可持续生计产生显著的正向影响，假设4b成立。此外，由表可知5-19，由于社会资本对可持续生计的影响达到了显著性水平，这说明社会资本被中介变量生计风险评估部分中介；人力资本、金融资本对可持续生计的影响没有达到显著性水平，这说明人力资本、金融资本被中介变量生计风险评估完全中介。

表5-19 生计资本、生计风险评估与农村移民可持续生计影响关系模型标准化系数估计值

路径	标准化参数估计值	S.E.	C.R.	P值	结果
生计风险评估←金融资本	0.185	0.088	2.216	0.027	支持假设
生计风险评估←人力资本	0.253	0.066	3.066	0.002	支持假设

续表

路径	标准化参数估计值	S.E.	C.R.	P值	结果
生计风险评估←社会资本	0.129	0.068	2.006	0.045	支持假设
生计风险评估←物质资本	0.192	0.206	1.882	0.060	不支持假设
可持续生计←生计风险评估	0.384	0.055	5.022	***	支持假设
可持续生计←社会资本	0.157	0.046	2.638	0.008	支持假设
可持续生计←物质资本	0.244	0.148	2.416	0.016	支持假设
可持续生计←人力资本	0.147	0.044	1.934	0.053	不支持假设
可持续生计←金融资本	0.106	0.058	1.397	0.163	不支持假设

注：***表示显著性水平P<0.001。

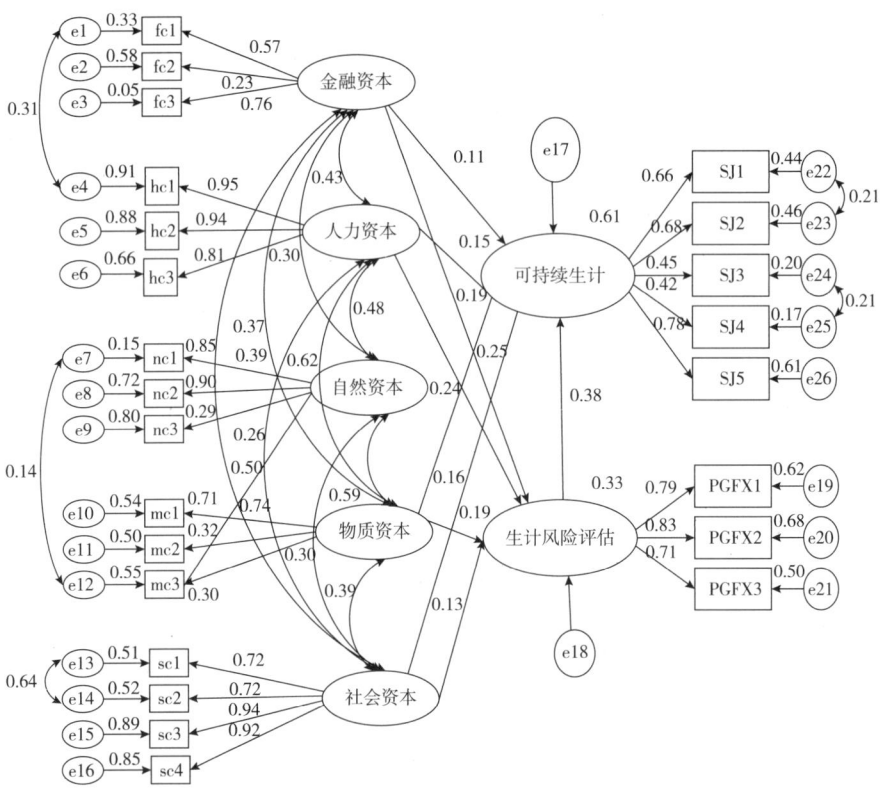

图5-9 生计资本各维度、生计风险评估与农村移民可持续生计的关系路径

3. 维度3：生计风险治理的中介效应作用

从农村移民生计水平、生计风险治理与可持续生计影响的关系检验结果（修正后），模型拟合结果见表5-20：x^2/DF值为1.823，小于参考值3，RMSEA值为0.051，小于0.08，NFI、CFI、IFI的值分别为0.908、0.956、0.956，均大于临界值0.90，GFI、AGFI的值分别为0.898、0.865，基本接近临界值0.90，处于模型可接受的范围之内。从这些拟合指标可知，农村移民生计资本、生计风险治理与可持续生计影响关系模型具有有效性，支持理论假设。

表5-20 生计资本、生计风险治理与农村移民可持续生计影响关系模型的拟合指标

拟合指标	x^2/DF	GFI	AGFI	NFI	CFI	IFI	RMSEA
标准值	<3	>0.90	>0.90	>0.90	>0.90	>0.90	<0.08
结构模型	1.823	0.898	0.865	0.908	0.956	0.956	0.051

从表5-21、图5-10可知，金融资本、人力资本、社会资本、物质资本对生计风险治理的标准化系数分别为0.173、0.183、0.148、0.254，P值均在0.05水平上达到显著，这表明生计风险治理在金融资本、人力资本、物质资本、社会资本四个维度上均具有显著的中介作用。也就是说，金融资本、人力资本、物质资本、社会资本通过中介变量生计风险治理对农村移民的可持续生计均产生显著的正向影响，假设H4c成立。此外，由表5-21可知，由于金融资本对可持续生计的影响不显著，这说明金融资本被中介变量生计风险治理完全中介；由于人力资本、物质资本、社会资本对可持续生计的影响显著，这说明人力资本、物质资本、社会资本被中介变量生计风险治理部分中介。

表5-21 生计资本、生计风险治理与农村移民可持续生计
影响关系模型标准化系数估计值

路径	标准化参数估计值	S.E.	C.R.	P值	结果
生计风险治理←金融资本	0.173	0.081	2.206	0.027	支持假设
生计风险治理←人力资本	0.183	0.063	2.349	0.019	支持假设

续表

路径	标准化参数估计值	S.E.	C.R.	P值	结果
生计风险治理←社会资本	0.148	0.066	2.431	0.015	支持假设
生计风险治理←物质资本	0.254	0.215	2.469	0.014	支持假设
可持续生计←生计风险治理	0.317	0.051	4.520	***	支持假设
可持续生计←社会资本	0.157	0.046	2.660	0.008	支持假设
可持续生计←物质资本	0.230	0.152	2.292	0.022	支持假设
可持续生计←人力资本	0.191	0.044	2.562	0.010	支持假设
可持续生计←金融资本	0.124	0.056	1.662	0.097	不支持假设

注：***表示显著性水平 P<0.001。

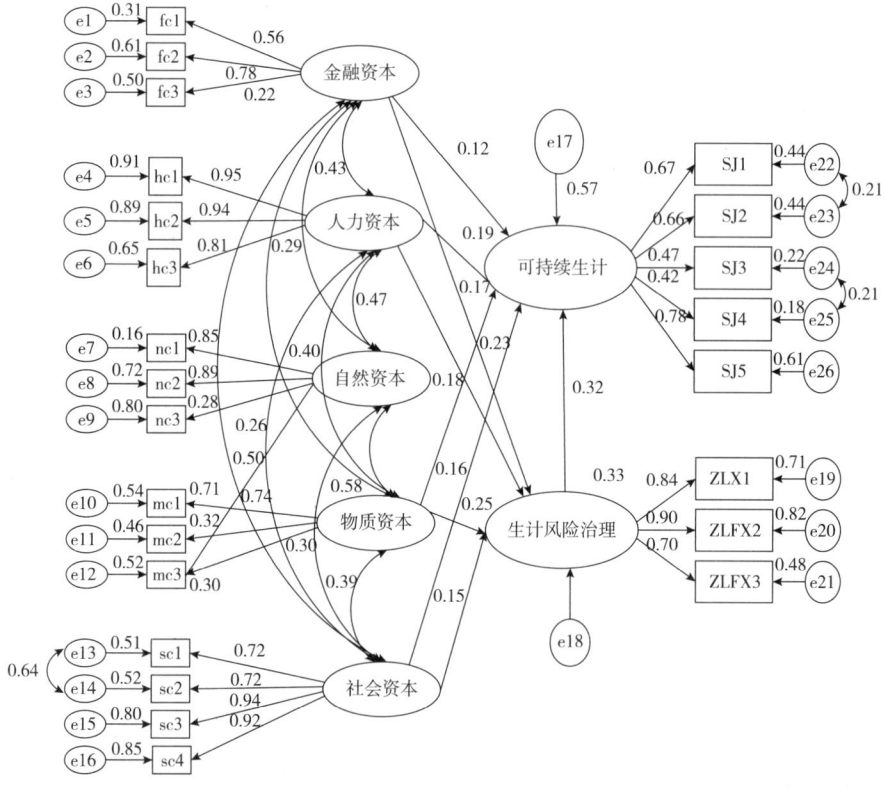

图 5-10　生计资本各维度、生计风险治理与农村移民可持续生计的关系路径

第七节 制度环境的调节作用

本书运用层级回归分析方法，验证制度环境在生计资本与农村移民可持续生计之间的调节作用，为了消除模型中的多重共线性问题，本书在做制度环境调节效应检验时，对交互测量项进行了中心化处理。从模型 2 可知，制度环境对农村移民可持续生计产生显著的正向影响（$\beta=0.199$，$P<0.001$），加入调节变量制度环境之后，从模型 3 可知，交互项"制度环境×金融资本""制度环境×社会资本""制度环境×自然资本"对农村移民可持续生计产生了正向影响（$\beta=0.032$，$p>0.10$；$\beta=0.024$，$p>0.10$；$\beta=0.032$，$p>0.10$），但是不显著。交互项"制度环境×人力资本""制度环境×物质资本"对农村移民可持续生计产生了显著的正向影响（$\beta=0.040$，$p<0.10$；$\beta=0.062$，$p<0.10$），也就是说，好的制度环境会强化人力资本、物质资本对农村移民可持续生计的影响（见表 5-22）。

表 5-22 制度环境在生计资本与农村移民可持续生计之间的调节作用检验

类型	变量	可持续生计		
		模型 1	模型 2	模型 3
控制变量	常量	1.751***	1.497***	1.282***
	年龄	0.077*	0.070*	0.077**
	搬迁时间	-0.007	-0.024	-0.015
自变量	人力资本	0.185***	0.134***	0.143***
	金融资本	0.123**	0.090*	0.102*
	物质资本	0.095*	0.089*	0.087*
	自然资本	0.040	0.056+	0.055+
	社会资本	0.157***	0.116**	0.094*

续表

类型	变量	可持续生计		
		模型1	模型2	模型3
调节变量	制度环境	—	0.199***	0.259***
	制度环境×人力资本	—	—	0.040+
	制度环境×金融资本	—	—	0.032
	制度环境×物质资本	—	—	0.062+
	制度环境×自然资本	—	—	0.032
	制度环境×社会资本	—	—	0.024
	F值	25.435***	27.515***	18.110***
	R^2	0.364	0.415	0.436
	调整的R^2	0.350	0.400	0.412

注：+表示$p<0.10$，*表示$p<0.05$，**表示$p<0.01$，***表示$p<0.001$。

本章小结

本章首先基于已有文献研究提出了相关研究假设；其次，根据三峡库区320户农村移民的调研数据，建立了相关变量之间的结构方程模型；最后，运用结构方程模型对问卷的调研数据进行分析验证，重点分析了生计资本、生计风险管理对农村移民可持续生计的影响，验证了生计风险管理的中介作用。本书运用层级回归分析方法验证了制度环境的调节作用。结果表明：生计资本对农村移民可持续生计产生显著的正向影响，生计资本对生计风险管理产生显著的正向影响，生计风险管理对农村移民可持续生计产生显著的正向影响，生计风险管理在生计资本与农村移民可持续生计之间产生中介作用。研究发现，生计资本对农村移民可持续生计产生作用是通过中介变量生计风险管理来实现的，制度环境正向调节人力资本、物质资本与农村移民可持续生计之间的关系。实证研究结果汇总如表5-23所示。

表 5-23 研究假设的验证结果总结

假设序号	假设内容	验证结果
H1	农村移民的生计资本对他们的可持续生计产生正向影响	成立
H1a	农村移民的人力资本对他们的可持续生计产生正向影响	成立
H1b	农村移民的金融资本对他们的可持续生计产生正向影响	成立
H1c	农村移民的社会资本对他们的可持续生计产生正向影响	成立
H1d	农村移民的物质资本对他们的可持续生计产生正向影响	成立
H1e	农村移民的自然资本对他们的可持续生计产生正向影响	不成立
H2	农村移民的生计资本对他们的生计风险管理能力产生正向影响	成立
H2a	农村移民的人力资本对他们的生计风险管理能力产生正向影响	成立
H2b	农村移民的金融资本对他们的生计风险管理能力产生正向影响	成立
H2c	农村移民的社会资本对他们的生计风险管理能力产生正向影响	成立
H2d	农村移民的物质资本对他们的生计风险管理能力产生正向影响	成立
H2e	农村移民的自然资本对他们的生计风险管理能力产生正向影响	不成立
H3	农村移民的生计风险管理对他们的可持续生计产生正向影响	成立
H3a	农村移民的生计风险识别对他们的可持续生计产生正向影响	成立
H3b	农村移民的生计风险评估对他们的可持续生计产生正向影响	成立
H3c	农村移民的生计风险治理对他们的可持续生计产生正向影响	成立
H4	农村移民生计资本通过中介变量生计风险管理对他们的可持续生计产生正向影响	成立
H4a	农村移民生计资本通过中介变量生计风险识别对他们的可持续生计产生正向影响	成立
H4b	农村移民生计资本通过中介变量生计风险评估对他们的可持续生计产生正向影响	成立
H4c	农村移民生计资本通过中介变量生计风险治理对他们的可持续生计产生正向影响	成立
H5a	制度环境在人力资本、物质资本与农村移民的可持续生计之间产生正向调节作用	成立
H5b	制度环境在社会资本、金融资本、自然资本与农村移民的可持续生计之间产生正向调节作用	部分成立

第六章 三峡库区农村移民可持续生计发展路径研究

上章基于三峡库区农村移民的调研数据,运用 AMOS17.0 结构方程模型,从生计资本、生计风险管理对农村移民可持续生计的影响,结果表明生计资本、生计风险管理对农村移民可持续生计产生显著的正向影响,生计资本对生计风险管理产生显著的正向影响,生计风险管理在生计资本与农村移民可持续生计之间产生中介作用。第五章为本章研究奠定了科学的基础。三峡库区农村移民的安置方式主要采取本地安置与异地安置、后靠安置与外迁安置、集中安置与分散安置、政府安置与移民自找门路安置等多种安置方式。多种安置方式决定着多种类型的生计模式,此外,随着当前库区农村劳动力职业分化的加快,家庭财富和劳动力能力差距也逐渐加大,这就造成了库区农村移民生计发展路径的多样化。同时,农村移民搬迁后,生计风险时刻伴随着他们的整个生命周期,部分移民可能会存在自然灾害的风险、生产的风险、生病的风险、教育的风险等多种生计风险。在这种脆弱的环境下,探索一条科学、合理的符合不同生计类型的农村移民可持续生计发展的有效路径,成为一个重要课题。本章在第四至五章基础之上,基于农村移民的四种主要的生计类型(打工类型、务农类型、创业类型、多样化类型)的生计现状[①],进一步探讨三峡库区农村移民可持续生计发展路径问题。

---

① 务农类型、打工类型、创业类型分别是指农村移民以务农类型为主的单一的生计类型、打工类型为主的单一的生计类型、创业类型为主的单一的生计类型,多样化生计类型主要是指农村移民主要从事两种及以上的生计类型。由于其他生计类型的农村移民的样本很少,故本章后面的实证研未探讨其他生计类型农村移民的可持续生计问题。

第一节　不同生计类型农村移民的可持续生计发展影响因素分析

基于第五章实证分析可知,影响三峡库区农村移民可持续生计的因素有生计资本、生计风险管理等因素,其中生计资本在农村移民可持续生计发展中应起决定性作用,生计风险管理起重要作用,两者相辅相成,密不可分。因此,本书分析了生计资本的不同维度、生计风险管理对不同类型农村移民可持续生计的影响。根据第四章关于不同个体特征农村移民的可持续生计现状的评价,可知不同年龄、不同搬迁时间对农村移民可持续生计具有显著性差异,因此,本书选取年龄、搬迁时间两个控制变量。

本书验证了生计风险管理在生计资本与不同类型农村移民可持续生计之间的中介作用。具体检验方法如下：根据 Baron 和 Kenny (1986) 的中介效应模型检验方法,判断中介变量是否存在中介效应,必须满足四个条件：①自变量与因变量显著相关；②中介变量与因变量显著相关；③自变量与中介变量显著相关；④引入中介变量后,自变量的回归系数降低,自变量和因变量的关系由显著变为不显著或者显著性降低。引入中介变量后,若是自变量和因变量的关系由显著变为不显著,这说明中介变量在自变量和因变量之间产生完全中介作用。若是自变量和因变量的关系由显著变为显著性程度降低,这说明中介变量在自变量和因变量之间产生部分中介作用。不同类型农村移民可持续生计的影响因素分析如下：

一、打工类型农村移民可持续生计的影响因素分析

由表 6-1 模型 1 可知人力资本、社会资本与打工类型农村移民的可持续生计显著正相关 ($\beta = 0.143$,$p<0.05$；$\beta = 0.167$,$p<0.05$),满足条件 1,这说明对于拥有较多人力资本、社会资本的打工类型的农村移民,他们的可持续生计水平相对较高。由模型 2 可知中介变量生计风险管理与因变量打工类型农村移民可持续生计显著正相关 ($\beta = 0.236$,$p<0.05$),满足条件 2。由模型 3 可知人力资本、社会资本与中介变量生计风险管理显

著正相关（β=0.230，p<0.01；β=0.285，p<0.001），满足条件3。由模型2可知，加入中介变量生计风险管理后，对于打工类型农村移民可持续生计而言，人力资本的β值有所降低，显著性水平由显著变为不显著（β=0.143，p<0.05；β=0.089，p>0.10）；社会资本的β值有所降低，显著性水平由显著变为不显著（β=0.167，p<0.05；β=0.100，p>0.10），满足条件4。

根据本章提出的中介效应检验方法，可知对于打工类型农村移民而言，他们的生计风险管理水平在人力资本、社会资本两个维度上产生中介作用。此外，参考Baron和Kenny（1986）的中介效应模型检验方法，由于加入中介变量生计风险管理之后，人力资本、社会资本对打工型农村移民可持续生计的影响程度均由显著变为不显著，这说明生计风险管理在人力资本与打工型农村移民可持续生计之间产生完全中介作用，生计风险管理在社会资本与打工型农村移民可持续生计之间产生完全中介作用。

表6-1 打工类型农村移民可持续生计的影响因素分析

类型	变量	可持续生计		生计风险管理
		模型1	模型2	模型3
控制变量	常量	1.943***	1.775***	0.709
	年龄	0.004	-0.014	0.076
	搬迁时间	-0.010	-0.003	-0.030
自变量	人力资本	0.143*	0.089	0.230**
	金融资本	0.146	0.128	0.074
	物质资本	0.106	0.082	0.100
	自然资本	0.035	0.016	0.078
	社会资本	0.167*	0.100	0.285***
中介变量	生计风险管理	—	0.236*	—
F值	—	5.174***	5.660***	7.749***
R^2		0.280	0.330	0.368
调整的R^2		0.226	0.272	0.321

注：+表示p<0.10，*表示p<0.05，**表示p<0.01，***表示p<0.001。

二、务农类型农村移民可持续生计的影响因素分析

由表6-2模型1可知人力资本、社会资本、自然资本与务农类型农村移民的可持续生计显著正相关（β=0.208，p<0.01；β=0.160，p<0.05；β=0.129，p<0.05），满足条件1，这说明对于拥有较多人力资本、社会资本、自然资本的务农型的农村移民，他们的可持续生计水平相对较高。由模型2可知中介变量生计风险管理与因变量务农类型农村移民可持续生计显著正相关（β=0.358，p<0.01），满足条件2。由模型3可知自变量人力资本、社会资本与中介变量生计风险管理水平显著正相关（β=0.228，p<0.01；β=0.250，p<0.01），满足条件3。由模型2可知，加入中介变量生计风险管理之后，对于务农类型农村移民可持续生计而言，人力资本的β值有所降低，显著性水平有所降低（β=0.208，p<0.01；β=0.127，p<0.10）；社会资本的β值有所降低，显著性水平由显著变为不显著（β=0.160，p<0.05；β=0.071，p>0.10），均满足条件4。

根据本章提出的中介效应检验方法，可知对于务农类型农村移民而言，他们的生计风险管理水平在人力资本、社会资本两个维度上产生中介作用。此外，参考Baron和Kenny（1986）的中介效应模型检验方法，由于加入中介变量生计风险管理之后，人力资本对务农型农村移民可持续生计的影响程度由显著性程度较高变为显著性程度降低，社会资本对务农型农村移民可持续生计的影响程度由显著变为不显著，这说明生计风险管理在人力资本与务农型农村移民可持续生计之间产生部分中介作用，生计风险管理在社会资本与务农型农村移民可持续生计之间产生完全中介作用。

表6-2 务农类型农村移民可持续生计的影响因素分析

类型	变量	可持续生计		生计风险管理
		模型1	模型2	模型3
控制变量	常量	1.566**	1.238**	0.913*
	年龄	0.092	0.044	0.134+
	搬迁时间	0.000	0.007	−0.019

续表

类型	变量	可持续生计		生计风险管理
		模型1	模型2	模型3
自变量	人力资本	0.208**	0.127+	0.228**
	金融资本	0.135	0.125	0.028
	物质资本	0.026	−0.0024	0.140
	自然资本	0.129*	0.126	0.006
	社会资本	0.160*	0.071	0.250**
中介变量	生计风险管理	—	0.358**	—
F值		7.931***	9.549***	8.979***
R^2		0.398	0.479	0.428
调整的R^2		0.348	0.429	0.380

注：+表示 $p<0.10$，*表示 $p<0.05$，**表示 $p<0.01$，***表示 $p<0.001$。

三、创业类型农村移民可持续生计的影响因素分析

由表6-3模型1可知人力资本、金融资本、物质资本与创业类型的农村移民的可持续生计显著正相关（$\beta=0.132$，$p<0.10$；$\beta=0.207$，$p<0.05$；$\beta=0.233$，$p<0.05$），满足条件1，这说明对于拥有较多人力资本、金融资本、物质资本的创业类型的农村移民，他们的可持续生计水平相对较高。由模型2可知中介变量生计风险管理与因变量创业类型农村移民可持续生计显著正相关（$\beta=0.474$，$p<0.01$），满足条件2。由模型3可知自变量人力资本、金融资本、物质资本与中介变量生计风险管理水平显著正相关（$\beta=0.112$，$p<0.10$；$\beta=0.441$，$p<0.001$；$\beta=0.229$，$p<0.05$），满足条件3。加入中介变量生计风险管理之后，对于创业类型农村移民可持续生计而言，人力资本的β值有所降低，显著性水平由显著变为不显著（$\beta=0.132$，$p<0.10$；$\beta=0.079$，$p>0.10$），金融资本的β值有所降低，显著性水平由显著变为不显著（$\beta=0.207$，$p<0.05$；$\beta=-0.002$，$p>0.10$），物质资本的β值有所降低，显著性水平由显著变为不显著（$\beta=0.233$，$p<0.05$；$\beta=0.125$，$p>0.10$），均满足条件4。

根据本章提出的中介效应检验方法，可知对于创业类型农村移民而

言，他们的生计风险管理水平在人力资本、金融资本、物质资本三个维度上产生中介作用。此外，参考 Baron 和 Kenny（1986）的中介效应模型检验方法，由于加入中介变量生计风险管理之后，人力资本、金融资本、物质资本对创业型农村移民可持续生计的影响程度均由显著性变为不显著，这说明生计风险管理在人力资本与创业型农村移民可持续生计之间产生完全中介作用，生计风险管理在金融资本与创业型农村移民可持续生计之间产生完全中介作用，生计风险管理在物质资本与创业型农村移民可持续生计之间产生完全中介作用。

表 6-3 创业类型农村移民可持续生计的影响因素分析

类型	变量	可持续生计		生计风险管理
		模型 1	模型 2	模型 3
控制变量	常量	2.256**	2.358**	−0.215
	年龄	0.017	−0.006	0.048
	搬迁时间	−0.038	−0.057	0.039
自变量	人力资本	0.132+	0.079	0.112+
	金融资本	0.207*	−0.002	0.441***
	物质资本	0.233*	0.125	0.229*
	自然资本	0.066	0.147	−0.0170
	社会资本	−0.066	−0.276+	0.442**
中介变量	生计风险管理	—	0.474**	—
F 值		4.738***	6.299***	13.420**
R^2		0.441	0.551	0.691
调整的 R^2		0.348	0.464	0.640

注：+表示 p<0.10，*表示 p<0.05，**表示 p<0.01，***表示 p<0.001。

四、多样化类型农村移民可持续生计的影响因素分析

由表 6-4 模型 1 可知人力资本、社会资本与多样化生计类型的农村移

民的可持续生计显著正相关（β=0.212，p<0.01；β=0.150，p<0.10），满足条件1，这说明对于拥有较多人力资本、社会资本的多样化生计类型的农村移民，他们的可持续生计水平相对较高。由模型2可知中介变量生计风险管理与因变量多样化类型农村移民可持续生计显著正相关（β=0.729，p<0.001），满足条件2。由模型3可知自变量人力资本、社会资本与中介变量生计风险管理水平显著正相关（β=0.195，p<0.01；β=0.291，p<0.001），满足条件3，由模型2可知加入中介变量生计风险管理之后，对于多样化类型农村移民可持续生计而言，人力资本的β值有所降低，显著性水平由显著变为不显著（β=0.212，p<0.01；β=0.070，p>0.10），社会资本的β值有所降低，显著性水平由显著变为不显著（β=0.150，p<0.10；β=-0.062，p>0.10），均满足条件4。

根据本章提出的中介效应检验方法，可知对于多样化类型的农村移民而言，他们的生计风险管理水平在人力资本、社会资本两个维度上产生中介作用。此外，参考Baron和Kenny（1986）的中介效应模型检验方法，由于加入中介变量生计风险管理之后，人力资本、社会资本对多样化型农村移民可持续生计的影响程度均由显著变为不显著，这说明生计风险管理在人力资本与多样化类型的农村移民可持续生计之间产生完全中介作用，生计风险管理在社会资本与多样化类型的农村移民可持续生计之间产生完全中介作用。

表6-4 多样化类型农村移民可持续生计的影响因素分析

类型	变量	可持续生计		生计风险管理
		模型1	模型2	模型3
控制变量	常量	2.246***	0.912*	1.831***
	年龄	0.061	0.068	-0.010
	搬迁时间	-0.052	-0.039	-0.019
自变量	人力资本	0.212**	0.070	0.195**
	金融资本	0.018	0.021	-0.004
	物质资本	0.116	0.045	0.098
	自然资本	0.027	0.030	-0.004
	社会资本	0.150+	-0.062	0.291***

续表

类型	变量	可持续生计		生计风险管理
		模型1	模型2	模型3
中介变量	生计风险管理	—	0.729***	—
F值		6.298**	13.332***	9.658***
R^2		0.400	0.621	0.506
调整的R^2		0.337	0.575	0.454

注：+表示 $p<0.10$，*表示 $p<0.05$，**表示 $p<0.01$，***表示 $p<0.001$。

从上述回归分析结果可知，生计资本的不同维度对不同类型农村移民可持续生计的影响存在一定差异，生计风险管理在生计资本的不同维度与农村移民可持续生计之间产生中介作用，也就是说生计资本的不同维度对不同类型农村移民可持续生计发生作用是通过生计风险管理来实现的。因此，本书认为对于不同生计类型农村移民而言，应重视生计风险管理的作用，建立基于生计风险管理的生计资本培育模式，这样才能实现生计的可持续性。

第二节 基于生计风险管理的农村移民可持续生计发展路径

Krysiak（2009）认为，可持续发展本质上是一种权衡风险和不确定性的过程。可见，生计风险管理在可持续生计发展中起着非常重要的作用。同时，由于三峡库区农村移民的生计资本存在异质性，加之脆弱性的外部环境以及微观生计资产的约束，农村移民依靠单一资本难以实现农村移民多样化的生计成果（严登才，2012）。因此，建立基于生计风险管理的生计资本培育模式成为农村移民面对脆弱性环境的必然选择。基于表6-1至表6-3的回归分析结果，可知生计资本的不同维度对农村移民可持续生计的影响存在一定差异，生计风险管理在生计资本的不同维度与不同类型农村移民可持续生计产生中介作用。因此，本书认为不同生计类型的农村移民应结合自身的生计资本现状,建立基于生计风险管理的生计资本培育模式。农村移民可持续生计发展的重点如下:第一,对于打工类型的农村移民,可持续生计发展的重点应放在发展他们的人力资本、社会资本,建立基于生计风险管理的"人力资本+社会资本"的生计资本培育模式。第二,对于务农类型的农村移民,可持续生计发展的重点应放在发展他们的人力资本、社会资本,建立基于生计风险管理的"人力资本+社会资本"的生计资本培育模式。第三,对于创业类型的农村移民,可持续生计发展的重点应放在发展他们的人力资本、金融资本、物质资本,建立基于生计风险管理的"人力资本+金融资本+物质资本"的生计资本培育模式。第四,对于多样化生计类型的农村移民,可持续生计发展的重点应放在发展他们的人力资本、社会资本,建立基于生计风险管理的"人力资本+社会资本"的生计资本培育模式(见图6-1)。

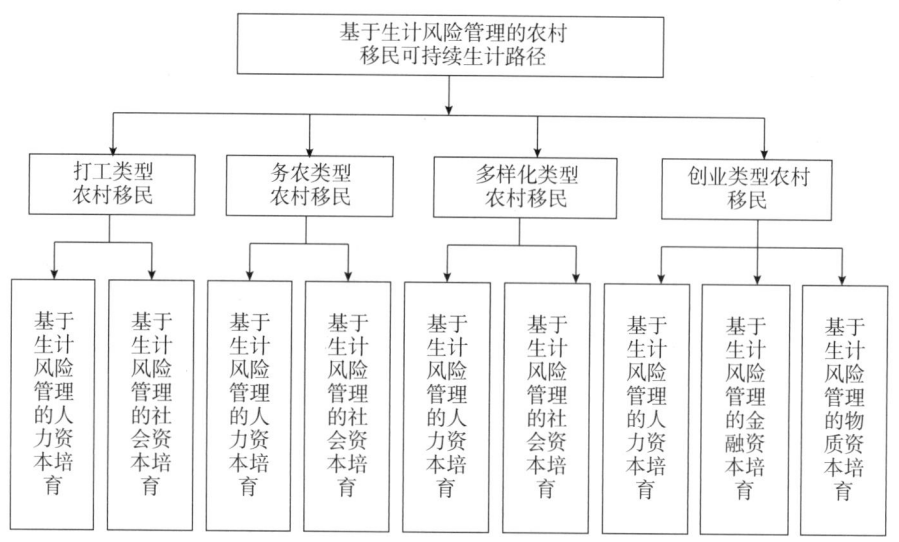

图6-1 基于生计风险管理的农村移民可持续生计发展路径

一、打工类型的农村移民:建立基于生计风险管理的"人力资本+社会资本"的培育模式

从微观层面来看,打工类型的农村移民可能会面临以下几种风险:一

是人力资本方面的风险,如人力资本提升受限、职业流动性大等风险,由于打工型的农村移民文化程度相对较低,因而他们大多就业于劳动密集型的行业,从事体力劳动,这种工作对农村移民人力资本的提升作用非常有限,因而造成他们职业发展空间受限、职业流动性大等诸多风险(李根强等,2016)。此外,随着农村移民年龄的增长,年龄较大的农村移民有可能因年龄原因而被拒于求职门槛外。二是社会资本风险,如处理不同类别复杂社会关系的风险。三是就业风险,如求职失败的风险、用工合同风险、就业环境的安全风险等。基于以上分析可知,为了实现打工类型的农村移民的可持续生计,应仔细分析打工可能遇到的生计风险,建立基于生计风险管理的生计资本培育模式:"人力资本+社会资本"的培育模式,具体如下:

1. 基于生计风险管理的人力资本培育

针对打工过程中可能会出现的风险,打工类型的农村移民需要从以下两个方面着手加大人力资本投入:第一,农村移民流出地的政府应加强对农村移民职业培训力度。建议主要开展第二、第三产业职业技能培训,尽可能给农村移民提供实用性较强,时间短马上能上岗的实用性较强的技能培训,如大力开展车工、钳工、焊工、电子电器装配、电工、服装加工、制鞋、手工刺绣、家政服务、物业管理、美容足浴、酒店餐饮服务等多种第二、第三产业培训,让农村移民掌握一两门第二、第三产业职业技能,这样才能降低生计风险,提高他们的就业竞争力。第二,打工型农村移民应合理规划自身的职业生涯,选择与自身职业相关的技能培训,切实提高自身的技能水平,降低职业流动的风险,保障他们职业的稳定性,保障他们的可持续生计。

2. 基于生计风险管理的社会资本培育

为了促进农村移民可持续生计,规避打工过程中可能遇到的生计风险,需要建立"政府+企业+社会"三方联动的社会资本培育机制,具体如下:第一,政府要加大对农村移民的社会资本培育力度,建议以"政府搭建平台、平台聚集资源、资源服务就业"的思路,以"创设落实一批政策、搭建一批平台、建立一套服务体系"为工作布局,大力实施农村移民的社会资本扶贫服务工程。第二,企业要为农村移民社会资本的培育提供组织保障(李根强等,2016)。建议移民较多的企业,定期组织各类跨企业、跨行业的联谊活动,增加不同性别、不同行业、不同企业的农村移民的接触机会,打破农村移民社会网络的封闭性,进一步拓展农村移民的社会网络规模,提升社会网络质量。第三,大力发展非政府社会组织。非政府组织可以为农村移民提供大量的就业信息,促进他们找到合适的工作,因此,政府应该大力发展非政府社会组织,进一步深化社团管理机制改革,积极创设有利条件促进非政府组织的发展,使其发挥应有的作用(苏群、周春芳,2005)。打工型的农村移民通过"政府+企业+社会"三方联动的社会资本培育网络,获得更多的就业机会,降低生计风险,促进自身的可持续生计发展。

二、务农类型的农村移民:建立基于生计风险管理的"人力资本+社会资本"的培育模式

务农类型的农村移民主要面临着生产方面的风险和生活方面的风险,具体如下:第一,生产方面的风险。务农型农村移民在生产方面面临的最大风险就是自然风险。赵锋(2015)指出,库区农业生产活动和生计成果处于风险暴露状态,如库区耕地受自然地理、气候变化等不可抗力因素的影响较大,完全暴露于自然风险之中。第二,生活方面的风险。务农型农村移民在生活方面面临的生计风险主要包括疾病与医疗风险、养老风险、教育风险等。基于以上分析可知,对于务农类型的农村移民,为了实现可持续生计,应仔细分析生产生活中可能遇到的生计风险,建立基于生计风险管理的生计资本培育模式,即"人力资本+社会资本"的培育模式,具体如下:

1. 基于生计风险管理的人力资本的培育

针对农村移民可能会遭遇的生计风险,本书认为应该针对农村移民的生计现状,开展精准的订单式、针对性的培训,这样才能有的放矢地规避潜在的生计风险,如养老风险、医疗风险等,实现可持续生计。具体如下:第一,针对务农型农村移民的生计现状,主要开展不同类型的短期培训,如聘请专家到田间地头开展养猪、养羊、养兔、养鸡、养鱼、养蟹、柑橘栽培、良种蔬菜栽培、药材栽培培训,使农村移民掌握实用的种植养殖技术,此外还要积极开展有针对性的农业技术服务,切实提高农村移民的人力资本水平。第二,针对不同年龄段的农村移民的特点,政府要采取针对性的培训,具体如下:①20岁以下高中毕业或中专毕业的务农型的农

村移民，他们有一定的理论文化知识，容易接受新鲜事物，应以中长期的新型特色产业技能培训为主，如20岁以下的农村移民，建议对他们开展柑橘栽培技术、良种蔬菜栽培技术、药材栽培技术等培训。②20~40岁的务农型的农村移民，他们中有一部分人拥有不同等级的职业资格证书，技能培训的重点主要在开展职业资格升级培训，进一步提升他们的技能水平。第三，大力开展医疗保健、风险防范等相关理论知识的培训，从而提高务农型农村移民的人力资本水平，降低他们的养老风险、医疗风险、教育风险等生计风险。

2. 基于生计风险管理的社会资本培育

针对务农过程中可能会出现的风险，务农类型的农村移民需要从以下两个方面加大社会资本投入：第一，农村移民通过加入农业合作社、农业社区网络等正式组织，积累一定的社会网络资源，获取更多有价值的资源，从而为他们的可持续生计发展创设良好的资源条件。第二，农村移民可以通过劳动生产、文娱活动等多种方式，创建新的社交平台，或组建农业生产互助组等非正式组织，不断拓展务农型农村移民的社会网络规模（孙健等，2016）。农村移民通过这些社会关系网络，将较弱的社会关系网络转变为较强的社会关系网络。

三、创业类型的农村移民：建立基于生计风险管理的"人力资本+金融资本+物质资本"的培育模式

从微观层面来看，创业类型的农村移民[①]，可能会面临以下三种风险：一是金融资本方面的风险，如面临投资的风险、成本回收的风险、资金运转的风险；二是人力资本方面的风险，如自身能力有限或者招聘员工能力有限、技术不过关、身体不健康等风险；三是物质资本方面的风险，如面临风险时，物质资本不具有转化性的风险，不能转变为可以交换的资本，用以降低生计风险（赵锋，2015）。基于以上分析，为了实现创业类型的农村移民的可持续生计，应仔细分析创业可能遇到的生计风险，建立基于生计风险管理的生计资本培育模式，即"人力资本+金融资本+物质资本"

---

① 将移民搬迁后主要收入来源为个体经商的视为创业，农村移民开超市、理发店、小卖部、餐馆、花店等都属于创业。

的培育模式,具体如下:

1. 基于生计风险管理的人力资本培育

针对创业过程中可能会出现的风险,创业类型的农村移民需要从以下两个方面着手加大人力资本投入:第一,学习产品生产的相关技术。通过参加职业技能培训、上网学习等途径,学习产品生产的相关技术等相关知识,进一步提高产品质量,满足消费者的需要。第二,学习经营管理的相关知识。通过参加市场营销相关培训或者自学的方式,学习经营管理、市场营销、消费心理学、人力资源管理的相关知识和技能,提高自身的市场敏锐性,进一步扩大产品的销售量。

2. 基于生计风险管理的金融资本培育

由于三峡库区农村移民安置方式有二三产业安置,很多农村移民通过经商,将大量金融资本投入生产中,获得了理想的收益,但是还有很多农村移民以投资失败告终。针对创业过程中可能出现的风险,创业类型的农村移民需要从以下三个方面加大金融资本投入:第一,创业前的风险控制。农村移民在创业前,一定要进行市场调研,注重投资项目的筛选或者聘请专业人士对项目可能出现的风险进行科学评估,了解该投资项目的成功概率以及具体收益,降低投资的风险,确保投入的金融资本保值增值。第二,创业中的金融资本积累。农村移民通过社会关系网络,要进一步拓展融资渠道,提高金融资本运作效率,促进金融资本的积累。第三,政府要落实好税费减免、小额贷款贴息、社保贴息、就业援助、免费职业介绍等政策,加强资金、技术的投入,使有能力、金融资本存量较多的农村移民自主创业,从而降低生计风险,增加金融资本存量。

3. 基于生计风险管理的物质资本培育

针对创业过程中可能会出现的生计风险,创业类型的农村移民需要从以下三个方面加大物质资本投入:第一,建议在三峡库区开展"资源变股权"的改革试点。积极开展物质资源变股权、资金变股金、移民变股民的改革试点,开展农村承包土地经营权、移民住房财产权、集体建设用地使用权、林权抵押试点,最大限度地发挥物质资本的最大效能,增加创业类型的农村移民的资产收益。第二,鼓励创业类型的农村移民按照量化到户、股份合作、保底分红、滚动发展的原则,抱团入股参与企业、合作社生产经营,最大限度地释放他们的物质资产潜能,增加资产收益。第三,由于创业型农村移民的物质资本多限于维持基本生产生活的需要,在面临生计风险时，物质资本可能不能转变为可以交换的资本，应付生计风险。因此，政府应对农村移民的物质资本进行补偿和投资更新。

四、多样化类型的农村移民：建立基于生计风险管理的"人力资本+社会资本"的培育模式

由于多样化生计类型的农村移民，要从事多种生计类型，可能会相比单一生计类型的农村移民而言，需要投入更多的人力、物力、财力到生产中，因而，农村移民可能会面临人力资本、社会资本等方面的风险，此外还可能会面临着市场风险、技术风险。基于以上分析可知，对于多样化生计类型的农村移民，为了实现多样化类型农村移民的可持续生计，应仔细分析他们生产生活中可能遇到的生计风险，建立基于生计风险管理的生计资本培育模式，即"人力资本+社会资本"的培育模式，具体如下：

1. 基于生计风险管理的人力资本培育

针对多样化生计类型的农村移民在生产生活中可能会出现的风险，多样化生计类型的农村移民需要从两个方面加大人力资本投入：第一，重点加强非农技能的培育。相比其他生计类型的农村移民，多样化生计类型的农村移民人力资本的开发相对较复杂，建议重点对他们开展非农技能的培育，如加强第二、第三产业培训，在培训内容上，结合市场需要开展家政服务、物业管理、美容美发、酒店餐饮等技能培训，确保多样化生计类型的农村移民，在做好农业生产的同时，兼顾第二、第三产业就业，从而保障他们的多样化生计能力。第二，加强农业技能方面的培训。应结合多样化农村移民的生计现状，积极开展农业技能方面的培训，如种植技术、养殖技术方面的培训。总之，对于多样化生计类型的农村移民而言，应在加强农业技能培训的同时，重点加强非农技能的培训，这样才能降低生计风险，将他们的人力资源优势转化为经济优势，从而促进他们可持续生计水平的提高。

2. 基于生计风险管理的社会资本培育

针对多样化生计类型的农村移民在生产生活中可能会出现的风险，多样化生计类型的农村移民需要从两个方面加大社会资本投入：第一，拓展社会网络规模。由于现在很多重要的商业信息往往不是通过广告获取的，而是通过各种聚会等潜在渠道获得的，而这些商业信息可能会给多样化类

型的农村移民带来较大的经济收益。因而，多样化类型的农村移民需要通过参与正式组织或非正式组织，如商业协会、合作社、老乡会，或通过参加聚会，结交更多的新朋友，不断拓展自身的社会网络规模。第二，提高社会网络密度。多样化类型的农村移民要积极开拓和利用自身社会网络资源，如政府机关工作人员、合伙人、经销商、亲戚朋友等社会资源，并在发展过程中主动开拓，把情感维系较薄弱的弱关系发展为信任感较强的强关系，切实提高自身的社会网络质量。

本章小结

本章在第五章研究基础之上，基于农村移民的四种生计类型（打工类型、务农类型、创业类型、多样化类型）的生计现状，进一步探讨了三峡库区农村移民可持续生计发展路径问题。本章首先采用 SPSS19.0 软件分析了生计资本、生计风险管理对不同类型农村移民可持续生计的影响；其次，验证了生计资本对生计风险管理的影响；再次，验证了生计风险管理在生计资本与不同类型农村移民可持续生计之间的中介作用；最后，本章提出农村移民应建基于生计风险管理的生计资本培育模式，这样才能促进不同类型农村移民可持续生计发展，具体如下：①对于打工类型的农村移民，应建立基于生计风险管理的"人力资本+社会资本"的培育模式；②对于务农类型的农村移民，应建立基于生计风险管理的"人力资本+社会资本"的培育模式；③对于创业类型的农村移民，应建立基于生计风险管理的"人力资本+金融资本+物质资本"的培育模式；④对于多样化生计类型的农村移民，应建立基于生计风险管理的"人力资本+社会资本"的培育模式。

第七章 研究结论及展望

前面六章利用三峡库区 320 户农村移民的调研数据,对三峡库区农村移民可持续生计问题进行了详细的分析以及深入论证,具体如下:首先,从就业现状、社会保障现状、生计资本现状、生计风险管理现状、可持续生计现状等方面对三峡库区农村移民的生计现状进行了评价;其次,验证了农村移民生计资本、生计风险管理对可持续生计的影响,同时验证了生计风险管理的中介效应作用;再次,基于农村移民的四种生计类型(打工类型、务农类型、创业类型、多样化类型)生计现状,进一步探讨三峡库区不同生计类型的农村移民可持续生计发展路径问题。本章对前面六章的研究结论以及相应的政策启示进行全面梳理,同时说明了本书存在的局限以及未来的研究方向,并结合三峡库区农村移民可持续生计发展对策展开讨论。

第一节 研究结论

一、三峡库区农村移民生计现状评价

1. 农村移民以打工和务农为主,整体收入水平不高,生计发展呈现出多样化趋势

本书基于三峡库区 320 户农村移民的调研数据,对农村移民的就业现状进行了分析,具体如下:①从生计类型类看,首先是打工类型农村移民的人数最多,占总数的 31.6%,其次是务农类型的农村移民,占总数的 28.8%,再次是创业类型的农村移民,占总数的 23.4%,最后是多样化生

计类型，占总数的 16.2%。这说明三峡库区农村移民生计类型主要以打工和务农为主，生计发展呈现出多样化趋势。这种观点又一次验证了伍艳（2015）提出的观点。②农村移民整体收入水平并不高，并且农村移民的总体收入水平低于城镇移民。这表明农村移民的就业质量不太高，生存状况较为困难。可能的原因：由于三峡库区农村移民普遍文化水平低，技能单一，自身综合素质不高，学习和掌握新知识、新技能较为困难，一般只具备传统的农业生产技术，在新环境下转行转业从事生产经营的适应能力弱，自主创业谋生较为困难。随着市场对劳动力技能和综合素质的要求越来越高，农村移民外出务工就业空间受到进一步制约，导致大量农村移民工作难找，就业无门。部分兼业及自谋职业安置的农村移民无职可兼、无业可谋，收入来源不稳，生存状况较为困难。基于以上原因，导致库区很多农村移民收入来源不稳，生存状况较为困难。

2. 农村移民的养老和医疗保险参保率还不太高

在调研的 320 户农村移民样本中，农村移民购买养老保险的比重约为 54.4%，购买医疗保险的比重约为 86.6%，享受低保的农村移民的比重约为 12.5%。在 320 户城镇移民户样本中，城镇移民购买养老保险的比重约为 76.9%，购买医疗保险的比重约为 90.3%，享受低保的农村移民的比重约为 20%。这说明三峡库区农村移民的养老和医疗保险参保率还不太高，且低于城镇移民，部分农村移民可能会面临着老无所养和疾病治疗缺失的风险。据调研，三峡库区后靠农村移民搬迁后，人均耕地不足，生产生活困难，部分移民基本生活难以保障，老龄农村移民存在老无所养等问题；农村移民进城集镇安置后，失去赖以生存的耕地，城镇社会保障尚未完全覆盖，面临着养老无着落和疾病治疗缺失风险。农村移民群众社会保障的缺失，一定程度地影响了城乡统筹发展和基本公共服务均等化目标的实现。因此，三峡库区要加大对农村移民社会保障覆盖范围，特别是对那些因病因残致贫的农村移民、因自然灾害致贫的农村移民、因教育致贫的农村移民等。

3. 农村移民的生计资本现状评价

（1）农村移民整体生计资本水平不太高。农村移民整体生计资本水平都不太高，具体如下：自然资本的均值在 1.7~3.1，人力资本变量的均值在 3.0 左右，物质资本的均值在 2.9~3.3，金融资本的均值为 0.4~3.4，这说明农村移民自然资本、人力资本、物质资本、金融资本发展水平不太高。但是社会资本指标均值适度偏高,这说明搬迁后,农村移民社会关系网络的规模和质量均有所提高。

(2) 不同年龄段农村移民的人力资本、金融资本差异并不大,但是物质资本、自然资本和社会资本则存在较大差异。通过方差分析结果可知,不同年龄段的农村移民生计资本水平具有较大差异,具体如下:第一,从生计资本不同维度来看,不同年龄段的农村移民的人力资本、金融资本差异并不大,但是物质资本、自然资本和社会资本则存在较大差异,50岁以前的农村移民的物质资本水平、自然资本水平和社会资本水平高于50岁以后的农村移民;第二,从生计资本总量来看,农村移民整体生计资本存在较大差异,其中30~40岁的农村移民的整体生计资本最高,其次是30岁以下的农村移民,最后是60岁以上的农村移民。

(3) 不同婚姻状况农村移民的人力资本、金融资本、物质资本差异并不大,但是自然资本和社会资本则存在较大差异。通过方差分析结果可知,不同婚姻状况的农村移民生计资本水平具有较大差异,具体如下:第一,从生计资本不同维度来看,不同婚姻状况农村移民的人力资本、金融资本、物质资本差异并不大,但是自然资本和社会资本则存在较大差异,已婚的农村移民自然资本水平高于未婚的农村移民,未婚的农村移民社会资本水平高于已婚的农村移民;第二,从生计资本总量来看,已婚的农村移民的生计资本水平高于未婚的农村移民。

(4) 不同性别的农村移民生计资本水平没有显著性差异。通过卡方结果可知,不同性别农村移民的金融资本、自然资本以及社会资本并不存在显著性差异,但是不同性别农村移民的人力资本、物质资本存在显著性差异,其中男性农村移民的人力资本水平(均值为3.203)高于女性农村移民(均值为2.988),男性农村移民的物质资本水平(均值为3.180)高于女性农村移民(均值为2.994)。

(5) 不同生计类型的农村移民生计资本水平存在较大差异。通过方差分析结果可知,不同生计类型的农村移民生计资本水平存在较大差异,具体如下:第一,从生计资本不同维度来看,不同生计类型的农村移民的人力资本、物质资本、社会资本、自然资本、金融资本水平存在较大差异。人力资本差异:多样化类型>务农类型>创业类型>打工类型。物质资本差异:多样化类型>务农类型>创业类型>打工类型。自然资本差异:多样化类型>务农类型>打工类型>创业类型。社会资本差异:多样化类型>创业类型>务农类型>打工类型。金融资本差异：创业类型>多样化类型>务农类型>打工类型。第二，从整体生计资本水平看，首先是多样化生计类型农村移民的生计资本总体水平最高，其次是务农类型的农村移民，再次是创业类型的农村移民，最后是打工类型的农村移民。这说明多样化生计类型已成为促进农村移民可持续发展的重要路径，多样化生计类型不仅能够降低潜在的生计风险，而且可以拓展收入渠道，促进农村移民的可持续生计发展。

4. 农村移民的生计风险管理现状评价

农村移民整体生计风险管理水平高于城镇移民，但是总体生计风险管理水平偏低。在生计风险管理的三个测量指标中，识别生计风险水平指标均值适度偏高，这说明随着经济社会发展，农村移民风险意识的不断增强，他们识别风险水平在不断提高。但是不同个体特征、不同生计类型农村移民的生计风险管理水平存在一定的差异，具体如下：

（1）男性农村移民的生计风险管理水平略高于女性农村移民。从卡方检验结果可知，三峡库区不同性别农村移民的生计风险识别能力、生计风险评估能力、生计风险治理能力三个方面均存在显著性差异。不同性别农村移民的生计风险管理状况的三个方面均存在显著性差异，男性农村移民的生计风险识别能力（均值为 3.845）高于女性农村移民（均值为 3.629），男性农村移民的生计风险评估能力（均值为 3.424）高于女性农村移民（均值为 3.188），男性农村移民的生计风险治理能力（均值为 3.547）高于女性农村移民（均值为 3.172）。这表明在生计风险管理方面，男性农村移民的生计风险管理能力略高于女性农村移民。

（2）不同年龄段农村移民的整体生计风险管理水平没有显著性差异。从方差分析结果可知，不同年龄段农村移民的整体生计风险管理水平都不太高，其中识别生计风险指标均值适度偏高，这说明当农村移民面临潜在生计风险时，均具有识别生计风险的能力。但是，不同年龄段的农村移民的整体生计风险管理水平没有显著性差异，50 岁以上的农村移民的生计风险识别能力较强，30 岁以下的农村移民的生计风险识别能力较弱。

（3）不同婚姻状况农村移民的生计风险管理水平没有显著性差异。从方差分析结果可知，不同婚姻状况农村移民的生计风险识别能力、生计风险评估能力具有显著性差异，已婚的农村移民的生计风险识别能力、生计风险评估能力均高于未婚移民，但是他们的生计风险治理能力并不具有显著性差异。

（4）创业类型的农村移民生计风险管理水平最高，打工类型的农村移民生计风险管理水平最低。通过方差分析结果可知，不同生计类型农村移民生计风险管理水平存在较大差异，具体如下：①识别生计风险。不同生计类型的农村移民识别风险水平具有显著性差异。首先是创业类型的农村移民识别生计风险水平最高（均值为 4.124），其次是务农类型（均值为 3.790），再次是多样化类型（均值为 3.667），最后是打工类型（均值为 3.469）。②评估生计风险。不同生计类型农村移民的评估风险水平具有显著性差异。首先是务农类型的农村移民评估生计风险水平最高（均值为 3.500），其次是创业类型（均值为 3.476），再次是多样化类型（均值为 3.313），最后是打工类型（均值为 2.964）。③治理生计风险。不同生计类型的农村移民治理风险水平具有显著性差异。首先是创业类型的农村移民治理生计风险水平最高（均值为 3.720），其次是务农类型（均值为 3.431），再次是多样化类型（均值为 3.333），最后是打工类型（均值为 3.013）。④从整体生计风险管理水平来看，创业类型的农村移民生计风险管理水平最高，打工类型的农村移民生计风险管理水平最低。

5. 农村移民可持续生计现状评价

农村移民可持续生计各个测量指标的均值处在 3.5~4.2，城镇移民可持续生计各个测量指标的均值处在 3.5~4.3，这说明农村移民可持续生计水平不太高，且低于城镇移民的可持续生计水平。不同性别、不同婚姻状况的农村移民可持续生计水平不存在显著性差异。但是不同年龄、不同搬迁时间的农村移民可持续生计水平具有一定差异，具体如下：第一，不同年龄段的农村移民可持续生计水平具有显著性差异，其中 30 岁以下农村移民的可持续生计水平最高，50 岁以上的农村移民可持续生计水平较低。第二，不同搬迁时间的农村移民可持续生计水平具有显著性差异，其中搬迁时间为 20 年以上的农村移民的可持续生计水平较高，搬迁时间为 1~6 年的农村移民的可持续生计水平较低。

二、农村移民可持续生计的影响因素

1. 生计资本对农村移民可持续生计具有显著的正向影响

第一，通过结构方程建模发现，生计资本对农村移民可持续生计的标准化路径系数为 0.772，P 值为 0.000，达到显著性水平，这表明生计资本对农村移民可持续生计的影响关系模型成立，生计资本对农村移民可持续生计具有显著的正向影响。

第二，通过结构方程建模发现，社会资本、人力资本、金融资本、物质资本对农村移民可持续生计具有显著的正向影响。但是，从标准化参数估计值来看，农村移民生计资本各维度对农村移民的可持续生计的作用存在一定差异，其中物质资本、人力资本、社会资本、金融资本对农村移民的可持续生计具有显著的正向影响，支持理论假设。从标准化参数估计值来看，人力资本、物质资本、金融资本、社会资本对农村移民可持续生计的影响存在一定差异，具体如下：物质资本>人力资本>社会资本>金融资本，这说明物质资本对农村移民可持续生计的正向作用程度更大，金融资本对农村移民可持续生计的影响较小，但是自然资本对可持续生计并未产生显著的正向影响，不支持理论假设。可能的解释是：农村移民大多外出务工，而家里的土地大多由老人来耕种或荒废，因而自然资本对农村移民的生计水平而言，影响不是很大。

2. 农村移民生计资本对生计风险管理具有显著的正向影响

第一，通过结构方程建模发现，农村移民生计资本对生计风险管理的标准化系数为 0.737，P 值在 0.001 水平上达到显著，这表明农村移民的生计资本对生计风险管理的影响关系模型成立。这说明生计资本对农村移民生计风险管理具有显著的正向影响。

第二，通过结构方程建模发现，社会资本、人力资本、金融资本、物质资本对生计风险管理具有显著的正向影响。但是，从标准化参数估计值来看，人力资本、物质资本、金融资本、社会资本对农村移民生计风险管理的影响存在一定差异，具体如下：物质资本对农村移民生计风险管理的正向作用程度更大，社会资本、金融资本对农村移民生计风险管理的影响较小。

对于农村移民而言，生计资本对生计风险管理具有显著的正向影响，具体表现如下：第一，足够的生计资本，有助于农村移民降低生计风险。农村移民风险规避，必须要以生计资产为基础，没有足够的资产，农村移民是很难处理各种生计风险。农村移民在遇到突发事件、疾病或者意外事件时，足够的生计资产可以为他们提供有效保障。第二，生计资本的优化组合方式，有助于提高农村移民生计风险管理能力。农村移民的生计状况很大程度上取决于各种生计资本的综合作用。农村移民通过对现有的生计资源进行合理分配，不仅可以实现自身生计资产的优化组合，提高现有家庭资产的运作效率，而且可以规避各种生计风险，如农村移民根据自身人力资本、物质资本状况，确定是否自己能够承受生计风险，确定通过何种途径降低生计风险。

3. 生计风险管理对农村移民可持续生计具有显著的正向影响

第一，通过结构方程建模发现，农村移民生计风险管理对可持续生计的标准化系数为 0.782，P 值在 0.001 水平上达到显著，这说明农村移民生计风险管理对可持续生计具有显著的正向影响，这表明农村移民的生计风险管理对可持续生计的影响关系模型成立，说明生计风险管理对农村移民的可持续生计具有显著的正向影响。

第二，通过结构方程建模发现，生计风险评估对可持续生计的标准化系数为 0.380，P 值在 0.001 水平上达到显著，生计风险识别对可持续生计的标准化系数为 0.166，P 值在 0.05 水平上达到显著，生计风险治理对可持续生计的标准化系数为 0.309，P 值在 0.05 水平上达到显著。这说明生计风险识别、生计风险评估、生计风险治理对农村移民可持续生计均产生显著的正向影响，但是从标准化参数估计值看，农村移民生计风险管理各维度与可持续生计的影响程度存在一定差异，生计风险评估对可持续生计的正向作用程度更大，生计风险识别对可持续生计的影响较小。

4. 农村移民生计风险管理在生计资本与可持续生计之间起着显著的中介作用

第一，通过结构方程建模发现，生计资本对农村移民可持续生计的标准化系数为 0.414，P 值在 0.001 水平上达到显著，生计资本对生计风险管理的标准化系数为 0.735，P 值在 0.001 水平上达到显著，生计风险管理对农村移民可持续生计的标准化系数为 0.491，P 值在 0.001 水平上达到显著。这说明生计资本通过中介变量生计风险管理对农村移民可持续生计产生正向影响。

第二，通过结构方程建模发现，生计风险管理的三个维度在生计资本与农村移民可持续生计之间均产生中介作用，具体如下：①生计风险识别在社会资本与农村移民可持续生计之间产生部分中介作用。②生计风险评估在金融资本、社会资本、人力资本与农村移民可持续生计之间产生中介作用。生计风险评估在社会资本与农村移民可持续生计之间产生部分中介作用,生计风险评估在人力资本、金融资本与农村移民可持续生计之间产生完全中介作用。③生计风险治理在物质资本、金融资本、社会资本、人力资本与农村移民可持续生计之间产生中介作用,其中生计风险治理在金融资本与农村移民可持续生计之间产生完全中介作用,生计风险治理在人力资本、物质资本、社会资本与农村移民可持续生计之间产生部分中介作用。

基于以上分析可知,农村移民所拥有的生计资本状况对可持续生计的影响,受到个体的生计风险管理水平的影响。农村移民的生计风险管理水平越高,越有利于他们对生计资本进行优化组合,发挥生计资本的配置效率,从而制定生计风险控制的策略,切实提高他们的可持续生计水平。因此,农村移民生计资本除了对他们的可持续生计产生直接影响之外,更多地会通过生计风险管理作为中介桥梁,实现对可持续生计产生正向影响。为了促进农村移民的可持续生计发展,需要充分发挥物质资本、金融资本、社会资本、人力资本在生计风险管理中的作用。

5. 制度环境在农村移民可持续生计发展中具有重要作用

制度环境在农村移民可持续生计发展中具有重要作用。通过层级回归分析方法,发现制度环境对农村移民可持续生计产生显著的正向影响($\beta=0.199$,$p<0.001$),加入调节变量制度环境之后,交互项"制度环境×人力资本""制度环境×物质资本"对农村移民可持续生计产生了显著的正向影响($\beta=0.040$,$p<0.10$;$\beta=0.062$,$p<0.10$),也就是说,好的制度环境会强化人力资本、物质资本对农村移民可持续生计的影响。这表明制度环境在人力资本、物质资本与农村移民可持续生计之间产生正向调节作用。因此,为了促进农村移民的可持续生计发展,需要重视培育良好的制度环境,尤其为提升农村移民的人力资本水平、物质资本水平创设良好的制度环境。

三、农村移民可持续生计发展路径

研究指出生计资本的不同维度对不同类型农村移民可持续生计的影响存在一定差异,生计风险管理在生计资本的不同维度与农村移民可持续生计之间产生中介作用,也就是说生计资本的不同维度对不同类型农村移民可持续生计发生作用是通过生计风险管理来实现的。因此,本书指出应基于农村移民的四种生计类型（打工类型、务农类型、创业类型、多样化类型）的生计现状，建立基于生计风险管理的生计资本培育模式，这样才能规避潜在的生计风险，促进可持续生计发展。具体如下：

1. 打工类型农村移民：建立基于生计风险管理的"人力资本+社会资本"的培育模式

通过SPSS19.0软件建立的中介效应模型，可知生计风险管理在人力资本、社会资本与打工类型农村移民可持续生计之间产生中介作用。因此，本书提出对于打工类型的农村移民，应基于他们的生计发展现状，建立基于生计风险管理的"人力资本+社会资本"的生计资本培育模式，这样才能降低可能的生计风险，促进他们的可持续生计发展。

2. 务农类型农村移民：建立基于生计风险管理的"人力资本+社会资本"的培育模式

通过SPSS19.0软件建立的中介效应模型，可知生计风险管理在人力资本、社会资本与务农类型农村移民可持续生计之间产生中介作用。因此，本书提出对于务农类型的农村移民，应基于他们的生计发展现状，建立基于生计风险管理的"人力资本+社会资本"的生计资本培育方式，这样才能降低农村移民的生计风险，促进他们的可持续生计发展。

3. 创业类型农村移民：建立基于生计风险管理的"人力资本+金融资本+物质资本"的培育模式

通过SPSS19.0软件建立的中介效应模型，可知生计风险管理在人力资本、金融资本、物质资本与创业类型农村移民可持续生计之间产生中介作用。因此，本书提出对于创业类型的农村移民，应基于他们的生计发展现状，建立基于生计风险管理的"人力资本+金融资本+物质资本"生计资本培育模式，这样才能降低生产生活中可能出现的生计风险，促进他们的可持续生计发展。

4. 多样化类型农村移民：建立"人力资本+社会资本"的培育模式

通过SPSS19.0软件建立的中介效应模型，可知生计风险管理在人力资本、社会资本与多样化类型农村移民可持续生计之间产生中介作用。因此，本书提出对于多样化类型的农村移民，应基于他们的生计发展现状，建立基于生计风险管理的"人力资本+社会资本"的生计资本培育模式，这样才能降低生产生活中可能出现的生计风险，促进他们的可持续生计发展。

第二节 政策启示

农村移民的可持续生计问题是一个相当复杂的问题，涉及农村移民的生计资本投资问题、生计决策问题、生计风险管理、政府政策等诸多问题。基于前文得出的研究结论，同时结合三峡库区农村移民的生计现状，本书的政策启示如下：

一、帮助农村移民进行生计模式选择，提高他们的生计决策能力

农户生计决策系统十分复杂，政府需要做的并不是帮助他们做决策，而是拓展农户的生计决策能力，而增强他们决策能力的核心在于提高农户的生计资本水平（张华山、周现富，2012）。农村移民也属于农民，为了实现农村移民的可持续生计，政府需要积极帮助农村移民进行生计模式和职业选择，提高他们的生计决策能力，具体如下：第一，设计生计资本投资计划，并在资金融通上通过扶贫政策等予以支持，尽可能降低乃至消除农村移民生计资本积累两极分化现象。第二，积极创造机会，让农村移民了解生计资本投资等信息。引导农村移民自主地确定未来生计发展需求和方向，使其主动获取新的致富技能和发展机会，最终全面提升个体、家庭的可持续发展能力和市场竞争力。

二、建立生计地图，制定差异化的福利政策

Jakobsen（2013）提出生计地图的概念，研究指出生计地图不仅可以让决策者快速识别与某些生计资产相关的区域，而且可以帮助管理者做出科学合理的决策。基于此，本书建议三峡库区移民管理部门应根据农村移民生计资本现状，建立不同区域农村移民生计资本的生计地图，同时对不同区域生计资本发展现状，提出可供选择的有效路径，这样才能帮助政府部门快速识别农村移民生计资产相关的区域，从而制定差异化的福利政

策，提高政府干预的效率。

三、建立基于生计风险管理差异化的生计资本培育模式

由于三峡库区农村移民的生计资本存在异质性，加之脆弱性的外部环境，以及微观生计资产的约束，依靠单一资本难以实现多样化的生计成果，因此，需要建立基于生计风险管理的生计资本培育模式，这样才能发挥生计资本组合优势，降低潜在的生计风险，促进他们的可持续生计发展。针对不同生计类型农村移民的生计现状，建立基于生计风险管理差异化的生计资本培育模式，具体如下：

1. 打工型农村移民的生计资本培育模式

基于打工型农村移民生计发展现状，建议实施"人力资本+社会资本"的生计资本培育模式，具体如下：①人力资本培育。建议政府对农村移民重点开展第二、第三产业职业技能培训，同时农村移民应合理规划自身的职业生涯，选择与自身职业相关的技能培训，切实提高自身的技能水平。②社会资本培育。建立"政府+企业+社会"三方联动的社会资本培育机制，拓展打工型农村移民社会关系网络的规模和质量。

2. 务农型农村移民的生计资本培育模式

基于务农型农村移民生计发展现状，建议实施"人力资本+社会资本"的生计资本培育模式，具体如下：①人力资本培育。针对务农类型的农村移民生产生活中可能会遭遇的生计风险，本书认为应该针对农村移民的生计现状，开展时间短、见效快的短期培训，如聘请专家到田间地头开展养猪、养羊、养兔、养鸡、养鱼、养蟹、柑橘栽培、良种蔬菜栽培、药材栽培培训，使农村移民掌握实用的种植养殖技术。此外，还应针对不同年龄段农村移民的特点，开展针对性的培训，这样才能提高务农型农村移民的人力资本水平，有的放矢地规避潜在的生计风险，实现可持续生计。②社会资本培育。针对务农类型农村移民可能遭遇的生计风险，建议农村移民通过加入农业合作社、农业社区网络等正式组织或非正式组织，不断拓展自身的社会网络规模和密度。

3. 创业型农村移民的生计资本培育模式

基于创业型农村移民生计发展现状，建议实施"人力资本+金融资本+物质资本"的生计资本培育模式，具体如下：①人力资本培育。建议创业

型农村移民积极学习产品生产的相关技术以及学习经营管理的相关知识，这样才能提高创业型农村移民的人力资本水平，规避可能出现的生计风险，促进他们的可持续生计发展。②金融资本培育。建议创业型农村移民既要加强创业前的风险控制，同时也要加强创业中的金融资本积累，这样才能进一步拓展融资渠道，提高金融资本运作效率，促进金融资本的积累。此外，政府要落实好税费减免、小额贷款贴息，社保贴息、就业援助、免费职业介绍等政策，加强资金、技术的投入，使有能力、金融资本存量较多的农村移民自主创业，从而降低生计风险，增加金融资本存量。③物质资本培育。由于创业型农村移民的物质资本多限于维持基本生产生活的需要，在面临生计风险时，物质资本可能不能转变为可以交换的资本，应付生计风险。因此，政府应对农村移民的物质资本进行补偿和投资更新。此外，建议通过开展农村承包土地经营权、移民住房财产权、林权抵押试点，充分发挥创业类型农村移民物质资源的最大效能，增加创业生计类型的农村移民的资产收益。

4. 多样化类型农村移民的生计资本培育模式

基于多样化型农村移民生计发展现状，建议实现"人力资本+社会资本"的生计资本培育模式，具体如下：①人力资本培育。建议重点对农村移民开展非农技能的培育，如加强第二、第三产业培训，在培训内容上，结合市场需要，开展家政服务、物业管理、美容美发、酒店餐饮等技能培训。②社会资本培育。建议政府创设条件，鼓励多样化类型农村移民积极通过参加各种正式组织或非正式组织，拓展自身的社会网络规模。同时，多样化生计类型的农村移民需要充分开拓和发展自身社会网络资源，如政府机关工作人员、合伙人、经销商、亲戚朋友等社会资源，并在发展过程中主动开拓，把情感维系较薄弱的关系发展为信任感较强的关系，切实提高自身的社会网络质量。

四、加强农村移民生计风险管理

Krysiak（2009）认为，可持续发展本质上是一种权衡风险和不确定性的过程。可见，风险管理在可持续发展中起着非常重要的作用。生计风险管理主要包括微观和宏观两个层面，微观的生计风险管理主要是指个体或家庭的生计风险管理，宏观的生计风险管理主要是指政府的生计风险管理。因此，本书主要从宏观和微观两个维度阐述政府以及个体或家庭的生计风险管理，具体如下：

1. 发挥政府在农村移民生计风险管理中的作用

国家政策的支持是农村移民实现可持续生计的重要保障，要想实现农村移民的可持续生计，必须要充分发挥政府在农村移民生计风险管理中的作用。具体从以下四个方面着手：

第一，加强对农村移民风险管理的监测和监管工作。同时，要进一步完善风险管理法律体系建设。目前关于三峡库区农村移民生计方面的政策，主要集中在社会、经济、生态环境三个方面，关于风险管理这一块的政策相对较少。因此，本书建议今后三峡库区要根据农村移民生计现状，进一步完善农村移民生计风险管理体系，切实保障移民长远生计。

第二，政府要创设各种条件，引导农村移民加强生计风险管理。由于农村移民生计风险管理的主体是农村移民，而农村移民在生计风险管理上能力较弱，因此政府需要建立便民的信息服务体系，该体系主要包括定期公布自然灾害和病虫害防范信息，宣传介绍风险管理工具如农产品期货、金融衍生产品、农业保险、产品合约生产等相关信息（Iiyama et. al，2008）。

第三，建立政府—移民风险管理联动机制。政府需要定期开展调研，了解不同类型农村移民的真正需求，了解农户需要哪些资源，尝试建立政府—移民风险管理联动机制，这样才能实现农村移民与政府的双赢，实现生计的可持续性。此外，政府要建立农村移民贫困风险的跟踪监测机制，并且根据农村移民的生计状况实时调整后期扶持政策，切实增强农村移民的生计风险管理能力，帮助他们脱贫。

第四，加强农业保险制度建设。建议加大政策性农业保险的覆盖范围和补贴力度。同时，在三峡库区引入农业保险机构、农产品公共监测平台等，切实提高农村移民应对生计风险的能力。

2. 发挥农村移民在生计风险管理中的作用

农村移民是生计风险管理的微观主体，为了实现生计的可持续性，农村移民必须充分发挥自身主观能动性，充分重视生计资本在农村移民生计风险管理中的作用。如生计风险识别在社会资本与农村移民可持续生计之间产生中介作用，生计风险评估在人力资本、社会资本和金融资本与农村移民可持续生计之间产生中介作用，生计风险治理在人力资本、社会资本、物质资本和金融资本与农村移民可持续生计之间产生中介作用。因此，本书建议农村移民发挥生计资本的不同维度在生计风险管理中的作用，具体从四个方面着手：

第一，发挥农村移民的主观能动性，树立农村移民风险管理的主体思想。农村移民是生计风险管理的微观主体，任何试图保障农村移民可持续生计的政策设计都必须以农村移民的自身风险管理策略为基础。也就是说，生计风险管理能否真正产生作用，最终需要农村移民自身发挥主观能动性，树立生计风险管理的主体思想，对可能出现的生计风险做到"事前积极防范"以及"事后积极治理"，这样才能降低生计风险损失，减少贫困，提高个体或家庭的社会福利，促进他们的可持续生计发展。

第二，充分发挥社会资本的作用，提高农村移民的生计风险识别能力。具体如下：农村移民可以通过社会关系网络的力量，如通过亲戚朋友的关系，增强自身的生计风险管理意识，获取更多识别生计风险的方法，从而提高他们的生计风险识别能力。

第三，充分发挥人力资本、社会资本和金融资本的作用，提高农村移民的生计风险评估能力。具体如下：①发挥人力资本的作用。正如前文所述，风险时刻伴随着人们的生产生活，而且风险呈现出多元化、复杂性的特征，因此，农村移民应积极参加风险管理的相关培训，切实提高自身文化水平，时刻把握生产生活中可能会遇到的生计风险，增强自身的生计风险评估能力。②发挥社会资本的作用。农村移民要积极参与到生计风险评估中，当农村移民遇到生计风险时，可以借助于社会网络力量，向亲朋好友求助或者向金融机构求助，提高他们的生计风险评估能力。③发挥金融资本的作用。农村移民通过拓展融资渠道，采取多样化的生计模式等多种途径，积累自身的金融资本，这样才能加强自身的生计风险评估能力。

第四，充分发挥人力资本、社会资本、金融资本、物质资本的作用，提高农村移民的生计风险治理能力。具体如下：①发挥人力资本的作用。农村移民应积极参加风险管理的相关培训，时刻把握生产生活中可能会遇到的生计风险，要充分发挥自身的主观能动性，切实增强自身的生计风险治理能力。②发挥社会资本的作用。当农村移民遇到生计风险时，他们可以通过社会关系网络，得到更多的资金、情感、方法上的帮助和支持，从而增强他们的生计风险治理能力。③发挥金融资本的作用。当遇到生计风险时，农村移民可以通过投入金融资本或回收金融资本等方式，分散或转移生计风险，从而提升生计风险防范能力，规避更多的生计风险。④发挥物质资本的作用。农村移民物质资本反映着他们的第二偿还能力和担保能力。当遇到生计风险时,农村移民可以通过抵押、变卖物质资产的方式获得现金,转移或缓解生计风险。

五、创设良好的制度环境

Williamson(2000)认为,制度环境对于组织或个体的行为具有重要的影响。制度环境是农村移民实现可持续生计的重要保障,要想实现农村移民的可持续生计,必须要重视制度环境的作用。从本书第五章实证分析的结果可知,制度环境在农村移民可持续生计发展中具有重要作用,制度环境在人力资本、物质资本与农村移民可持续生计之间产生正向调节作用。本书具体从经济环境、社会环境两个方面进行分析:

1. 制定完善的经济制度,建立良好的经济环境

为了促进农村移民的可持续生计发展,需要制定完善的经济制度,营造良好的经济环境,具体从五个方面着手:第一,充分发挥三峡库区的资源优势和区位优势,加快发展特色生态农业、生态旅游业等优势产业,培育经济增长点,着力培育有较强辐射带动作用的优势主导产业,营造良好的经济环境,进一步吸引农村移民就业。第二,进一步加大金融支持力度。大力发展风险投资、贷款担保等金融业务,建立银行、担保公司、企业"三位一体"的投融资平台,积极引导工商资本、民间资本、外来资本投入库区发展,营造良好的投资环境。第三,落实好税费减免、小额贷款贴息、社保贴息、就业援助、免费职业介绍等政策,引导激励农村移民在搞好农业生产活动的同时,兼顾家庭小副业以及短期打工。第四,继续坚持扶贫与开发并重的方针,开拓对口开创、对口支援工作的新局面。通过三峡库区对口支援工作的项目资金,向农村、农业、农民倾斜,引导农村移民在进行农业活动的同时,就近务工,进一步拓展收入渠道,促进农村移民的可持续生计发展。第五,制定优惠的创业政策,鼓励农村移民创业,通过创业带动就业。今后的政策设计应争取从农村移民的后期扶持转向促进农村移民的安稳致富上来,积极探索促进农村移民自主创业的政策引导机制,如制定优惠的创业扶持政策,鼓励农村移民创办小微企业,以创业带动就业,促进他们的安稳致富。

2. 创设完善的社会保障机制,建立良好的社会环境

为了促进农村移民的可持续生计发展,政府需要创设完善的社会保障

机制，建立良好的社会环境，具体从三个方面着手：第一，建立健全农村移民社会保障制度。推进新型农村合作医疗的普及和医疗制度改革（韩锦绵、王佳奇，2008），帮助农村移民减轻大病所带来的风险冲击；建立农村移民社会养老保险制度，使他们老有所依。第二，建立贫困移民救助专项基金，将农村移民中的"三无"（无稳定收入、无固定工作、无资产）人员、重残人员、长期卧床不起人员以及怀孕哺乳期妇女、入学困难的农村移民子女纳入专项基金救助的范围，予以救助。针对"三无"人员，三峡库区要精准实施农村移民社会保障扶贫措施，具体如下：①针对因病、因残等健康原因致贫的农村移民，建议按照行业标准，将他们纳入低保、大病救助、残疾人救助等政策，保障农村移民贫困户的基本生活需求；②针对无力支付相关费用的贫困家庭在校子女，实行社会帮助、干部资助、财政兜底的扶持政策，确保在校学生完成学业，帮助农村移民贫困家庭"拔穷根"；③针对因自然条件贫困的农村移民，建议从三峡后扶资金中提取一部分，帮助他们改善生产生活条件；④针对因能力贫困的农村移民，建议对他们开展技能培训，让他们学习一些基本的就业技能，维持基本生计。第三，加大对库区医疗、教育、卫生等社会事业支持力度，提高农村移民的人力资本水平、物质资本水平。具体如下：一是加大对库区移民子女教育和义务教育的支持力度，对库区职业教育项目给予倾斜支持，提高农村移民的人力资本水平；二是切实加强农村卫生基础设施的建设力度，社会公共服务中心以及库区文化设施建设力度，同时加大对农村移民生产生活的扶持力度，积极改善农村移民生产生活条件，切实提高农村移民的物质资本水平。

第三节　研究不足与研究展望

一、研究不足

尽管笔者对移民生计资本、可持续生计、生计风险管理、制度环境之间的关系进行了一定的探索性研究，但是由于其时间和精力有限，加上文献资源和样本数量的限制，本书还存在以下几点不足：

1. 变量选择还可以进一步扩展

本书的主要变量包括生计资本、可持续生计、生计风险管理、制度环境等指标。这些变量的测量指标主要是依据国内外比较成熟的量表，同时结合三峡库区移民的生计现状来设计的，尽管各个量表基本能阐述变量的基本内涵，但是可能会存在一定的局限性。因此，未来研究可以进一步采取问卷调查、访谈调查、文献研究以及专家咨询法等多种方法相结合，形成更加科学、合理、通用的问卷和量表。

2. 系统性的数据获取难度大，因而建立库区移民可持续生计长期稳定的跟踪调研基地和科研观测点显得尤为必要和紧迫

研究启动后的相当长一段时间内，笔者动员大量的学生和团队成员，投入到本书的数据收集、归类和整理工作中；同时，又通过实地调研走访了部分区县移民局补充部分缺失数据。尽管笔者将大量的时间和精力投入三峡库区移民生计的特色数据收集和整理中，但是由于三峡库区所涉及的移民范围太广，且移民居住的范围非常广泛，这给本书采集数据增加了很大难度。因此，迫切需要在三峡库区乃至长江上游典型库区建立移民可持续生计长期稳定的跟踪调研基地以及科研观测点，这样才能保障调研数据的科学性和有效性。

3. 样本范围存在不足

本书样本的区域代表性有待进一步提高，本书样本主要来自三峡库区重庆段的农村移民，这些样本虽然能够较好地代表三峡库区农村移民，但是还存在一定局限性。因为三峡库区农村移民大部分安置在重庆库区的22个区县以及湖北库区的四个区县，另外还有少部分农村移民安置在其他省份。未来研究可以进一步增加样本量，增加三峡库区湖北段的农村移民样本量以及外迁的农村移民样本量，使研究结论更具有代表性。

4. 问卷设计的有些问题太书面化

在问卷预调时，笔者发现调查问卷中有些题项的语言表达有些书面化，不符合口头语言的习惯。尽管在正式调研之前，对问卷进行了多次修改，但是由于本书的调研对象——农村移民大多文化水平较低，在问卷调查时，有些农村移民看不懂问卷的题项所表达的意思。因此，未来研究在设计农村移民可持续生计问卷时，应该设计更加科学合理的，更加符合口头表达习惯的、通俗易懂的调查问卷。

二、研究展望

第一,进一步拓展研究范围。未来研究可以进一步研究长江上游典型水利水电库区农村移民可持续生计状况。采取对比研究的方式,对比分析三峡库区与其他水利水电库区的农村移民生计状况的差异,如对比分析三峡库区与向家坝水电库区农村移民生计现状的差异。

第二,进一步拓展样本范围。未来研究可以进一步拓展农村移民样本的范围,增加三峡库区湖北段农村移民样本的数量以及外迁至其他省份的农村移民样本的数量,进一步增强研究结论的科学性和可靠性。

第三,进一步拓展研究内容。未来研究可以关注以下七个方面的研究内容:①关注老一代农村移民和新一代农村移民生计状况的代际差异。两代农村移民由于生活的时代背景、家庭环境的不同,同时在生计选择、教育水平、能力水平等各个层面上均存在明显的代际差异,这些特征又直接或间接地影响着农村移民的生计水平,因而未来研究可以关注老一代农村移民和新一代农村移民生计状况的代际差异。②关注农村移民的多样化生计策略问题。由于农村移民搬迁时存在多种安置方式,如就近后靠安置、外迁安置、二三产业安置、自谋职业安置等,多样化的安置方式决定着多样化的生计策略,因此未来研究可以关注农村移民多样化生计策略问题。③关注农村移民替代性生计问题。参考已有文献(Ngugi and Nyariki, 2005; Babu and Datta, 2016),可知替代性生计模式是实现个体或家庭可持续生计的重要方面。农村移民搬迁后失去了原本赖以生存的土地,那么就只能用其他资源或方式替代,那么农村移民如何在"旧"与"新"的生计衔接转换中,探寻到一条替代性的生计模式显得尤为重要,因此未来研究可以进一步关注水电库区农村移民替代性生计问题。④关注农村移民生计地图的构建问题。Jakobsen(2013)提出生计地图的概念,研究指出生计地图不仅可以让决策者快速识别与某些生计资产相关的区域,而且可以帮助管理者做出科学合理的决策。因此,未来研究可以根据全国大中型水利水电库区农村移民生计资本现状,建立不同水电库区农村移民的生计地图的对比图,为移民管理部门制定差异化的福利政策提供参考和借鉴。⑤关注农村移民与城镇移民的生计状况。由于农村移民和城镇移民生计发展方式存在较大差异,因而,未来研究可以从生计资本状况、社会保障情况、公共服务情况、教育医疗情况、基础设施等方面进行对比研究。⑥关注农村移民在可持续生计发展中社会融合问题，可以从经济融合、社会融合、心理融合三个维度展开研究。⑦关注移民与非移民的可持续生计发展问题。采取对比分析法，研究移民可持续生计发展与非移民可持续发展之间存在的区别与联系。

第四，三峡库区移民可持续生计发展的具体政策效果需进一步探讨。三峡库区移民可持续生计发展的具体政策效果有待进一步验证，如何依照其进行实际操作有待进一步探讨，因此怎样把这些针对三峡库区移民后续生计问题所作的理论性政策建议转化为政府的实际行动，还需要进一步的研究。

第五，"淡化移民"概念、消除"歧视性"库区用语语境和范式对推进库区全社会进入快速、健康和可持续发展轨道具有不可忽视的战略性重要意义。一是要淡化移民概念。三峡库区移民已经超过20年，近些年的快速城镇化进程，库区已经越来越难以区分库区移民和城镇化过程的移民差别。随着库区新型城镇化进程的加快，库区经济社会取得了飞速发展，本书认为应充分利用好这一契机，淡化移民概念，避免未来若干年甚至上百年因库区"移民"遗留问题产生重大社会隐患，这本身也是推进移民身份正常化的重要抓手。二是淡化并逐步消除"歧视性"库区用语。比如每两年开展"对口帮扶"库区，全国"援建"库区的各类基本公共设施随处可见，还有各类生态"补偿"等用语，实际上都忽视和削弱了库区曾经和现在以及未来为长江经济带、为国家做出重大牺牲和奉献。因此，消除歧视性库区用语对于推进库区经济社会文化发展进入正常化轨道具有重要现实意义。正如库区当年移民宣传口号中所言，"舍小家、顾大家、为国家"。

参考文献

[1] Acs J. A Comparison of Models for Strategic Planning, Risk Analysis and Risk Management [J]. Theory and Decision, 1985, 19 (3): 205-248.

[2] Amos E., Akpan U., Ogunjobi K. Households' Perception and Livelihood Vulnerability to Climate Change in a Coastal Area of Akwa Ibom State, Nigeria [J]. Environment, Development and Sustainability, 2015, 17 (4): 887-908.

[3] Babu S. S., Datta S. K. A Study of Covariation and Convergence of Alternative Measures of Sustainability on the Basis of Panel Data [J]. Social Indicators Research, 2016, 125 (2): 1-20.

[4] Baron R. M., Kenny D. A. The Moderator-mediator Variable Distinction in Social Psychological Research: Conceptual, Strategic, and Statistical and Statistical Consideration [J]. Journal of Personality & Social Psychological, 1986, 51 (6): 1173-1182.

[5] Barbier E. B., Hochard J. P. Poverty and the Spatial Distribution of Rural Population [J]. Policy Research Working Paper, 2014: 1-30.

[6] Bilgin M. The PEARL Model of Sustainable Development [J]. Social Indicators Research, 2012, 107 (1): 19-35.

[7] Biao X., Kaijin Y. Shrimp Farming in China: Operating Characteristics, Environmental Impact and Perspectives [J]. Ocean and Coastal Management, 2007, 50 (7): 538-550.

[8] Caffey R. H., Kazmierczak J. R. F., Avault J. W. Developing Consensus Indicators of Sustainability for Southeastern United States Aquaculture [M]. London: Social Science Developing Consensus Indicators of Electronic Publishing, 2000.

[9] Cernea M. M. Hydropower Dams and Social Impacts: A Sociological

Perspective [J]. Washington, the World Bank: 1997: 1-30.

[10] Chambers R. Poverty and Livelihoods: Whose Reality Countries? [J]. Environment and Urbanization, 1995, 7 (1): 173-204.

[11] Chambers R., Conway G. R. Sustainable Rural livelihoods: Practical Concepts for 21st Century. IDS Discussion Paper [M]. London: Department for International Development, 1992.

[12] Chen H. Y., Zhu T., Krott M., et al. Community Forestry Management and Livelihood Development in Northwest China: Integration of Governance, Project Design, and Community Participation [J]. Regional Environmental Change, 2013, 13 (1): 67-75.

[13] DFID. Sustainable Livelihood Guidance Sheets [M]. London: Department for International Development, 2000.

[14] Daly H. B. Beyolld Growth the Economics of Sustainable Development [M]. Boston: Beacon Press, 1996.

[15] Edward R. C. Livelihoods as Intimate Government: Reframing the Logic of Livelihoods for Development [J]. Third World Quarterly, 2013, 34 (1): 77-108.

[16] Ellis F. Rural Livelihoods and Diversity in Development Countries [M]. New York: Oxford University Press, 2000.

[17] Ellis F., Freeman H. A. Rural Livelihoods and Poverty Reduction Strategies in Four African Countries [J]. Journal of Development Studies, 2004, 40 (4): 1-30.

[18] Faurès J. M., Santini G. Water and the Rural Poor: Interventions for Improving Livelihoods in Sub-Saharan Africa [J]. Giurisprudenza Commerciale, 2008, 40 (11): 537-585.

[19] Fafchamps M. Rural Poverty, Risk and Development [M]. UK: Edward Elger, 2003.

[20] Flora C. B. Access and Control of Resources Lessons from the SANREM CRSP [J]. Agric HumanValues, 2001, 18 (1): 41-48.

[21] Gaillard J. C., Maceda E. A., Stasiak E., et al. Sustainable Livelihood and People's Vulnerability in the Face of Coastal Hazards [J]. Journal of Coastal Conservation, 2009, 13 (2): 119-129.

[22] Goodland R., Daly H. Environmental Sustainability: Universal and Non-Negotiable [J]. Ecological Applications, 1996 (6): 1002-1017.

[23] Guo Z., Xiao X., Gan Y., et al. Landscape Planning for a Rural Ecosystem: Case Study of a Resettlement Area for Residents from Land Submerged by the Three Gorges Reservoir, China [J]. Landscape Ecology, 2003, 18 (5): 503-512.

[24] Guillemette M. A., Yao R., James R. N. An Analysis of Risk Assessment Questions Based on Loss-Averse Preferences [J]. Journal of Financial Counseling & Planning, 2015, 26 (1): 17-29.

[25] Ingenillem J., Merz J., Baumgärtner S. Determinants and Interactions of Sustainability and Risk Management of Commercial Cattle Farmers in Namibia [J]. Social Science Electronic Publishing, 2014 (304): 1-67.

[26] Iiyama M., Kariuki P., Kristjanson P., et al. Livelihood Diversification Strategies, Incomes and Soil Management Strategies: A Case Study from Kerio Valley, Kenya [J]. Journal of International Development, 2008, 20 (3): 380-397.

[27] Jakobsen K. Livelihood Asset Maps: A Multidimensional Approach to Measuring Risk Management Capacity and Adaptation Policy Targeting—a Case Study in Bhutan [J]. Regional Environmental Change, 2013, 13 (2): 219-233.

[28] Krysiak F. C. Risk Management as a Tool for Sustainability [J]. Journal of Business Ethics, 2009, 85 (3): 483-492.

[29] Knutsson P. M. Ostwald M. A Process-Oriented Sustainable Livelihood Approach-A Tool For Increased Understanding of Vulnerability, Adaptation and Resilience [J]. Mitigation and Adaptation Strategies for Global Change, 2006, 12 (12): 365-372.

[30] Klapper L., Laeven L., Rajan R. Entry Regulation as a Barrier to Entrepreneurship [J]. Journal of Financial Economics, 2006, 82 (3): 591-629.

[31] Lutz H. Migration and Human Capital [J]. ASU Working Paper, 1997 (6): 1-27.

[32] Linkov I., Wood M. D., Ditmer R., et al. Collective Risk Manage-

ment: Insights and Oportunities for Decision-makers [J]. Environment Systems and Decisions, 2013, 33 (3): 335-340.

[33] Mahdi G. P., Shivakoti D. S. Livelihood Change and Livelihood Sustainability in the Uplands of Lembang Subwatershed, West Sumatra, Indonesia, in a Changing Natural Resource Management Context [J]. Environmental Management, 2009, 43 (1): 84-99.

[34] Maskell P. Social Capital, Innovation and Competitiveness [M]. London: Oxford University Press, 2000.

[35] Martha G. Roberts, Yang G. A. The International Progress of Sustainable Development Research: A Comparison of Vulnerability Analysis and the Sustainable Livelihood Approach [J]. Progress in Geography, 2003, 22 (1): 6-12.

[36] Mcdonald M., Brown K. Soil and Water Conservation Projects and Rural Livelihoods: Options for Design and Research to Enhance Adoption and Adaptation [J]. Land Degradation & Development, 2000 (11): 343-361.

[37] Merritt W. S., Patch B., Reddy V. R., et al. Modelling Livelihoods and Household Resilience to Droughts Using Bayesian Networks [J]. Environment, Development and Sustainability, 2016, 18 (2): 1-32.

[38] Michal L., Simon S. Sustainable Urban Livelihoods and Marketplace Social Capital: Crisis and Strategy in Petty Trade [J]. Urban Studies, 2005, 42 (8): 1301-1320.

[39] Minamoto Y. Social Capital and Livelihood Recovery: Post-tsunami Sri Lanka as a Case [J]. Disaster Prevention & Management, 2010, 19 (5): 548-564.

[40] Moser C. The Asset Vulnerability Framework: Reassessing Urban Poverty Reduction Strategies [J]. World Development, 1998 (26): 1-19.

[41] Muhammad M. M., Fatimah K, Siti R. B. Y., et al. Livelihood Assets and Vulnerability Context of Marine Park Community Development in Malaysia [J]. Soc Indic Res, 2015 (1): 1-23.

[42] Ngugi R. K., Nyariki D. M. Rural Livelihoods in the Arid and Semiarid Environments of Kenya: Sustainable Alternatives and Challenges [J]. Agriculture and Human Values, 2005, 22 (1): 65-71.

[43] Oumer A. M., Neergaard A. D. Understanding Livelihood Strategy-Poverty Links: Empirical Evidence from Central Highlands of Ethiopia [J]. Environment, Development and Sustainability, 2011, 13 (3): 547-564.

[44] Oumer A. M., Hjortsø C. N., Neergaard A. D. Understanding the Relationship between Livelihood Strategy and Soil Management: Empirical Insights from the Central Highlands of Ethiopia [J]. Food Security, 2013, 5 (2): 143-156.

[45] Qin T. R., Chen W. J., Zeng X. K. Risk Management Modeling and its Application in Maritime Safety [J]. Journal of Marine Science and Application, 2008, 7 (4): 286-291.

[46] Rajbhandari L., Snekkenes E. A. Mapping between Classical Risk Management and Game Theoretical Approaches [J]. Communications & Multimedia Security, Ifip Tc, 2011, 7025: 147-154.

[47] Reardon T., Votsi S. A. Links between Rural Poverty and the Environment in the Developing Countries: Asset Categories and Investment Poverty [J]. World Development, 1995, 23 (9): 1495-1506.

[48] Robison A. A. Is Social Capital Really Capital? [J]. Review of Social Economy, 2002, 60 (1): 1-21.

[49] Scoones I. Sustainable Rural Livelihoods: A framework for Analysis. Sussex [M]. UK: Institute of Development Studies, 2005.

[50] Scoones I. Sustainable Livelihood: A Framework for Analysis [Z]. Brighton: IDS Working Paper, 1998.

[51] Schultz T. W. Investing in People: The Economics of Population Quality [M]. California: University of California Press, 1982.

[52] Siegel P. B. Using an Asset-Based Approach to Identify Drivers of Sustainable Rural Growth and Poverty Reduction in Central America: A Conceptual Framework [J]. Social Science Electronic Publishing, 2005 (1): 34-75.

[53] Singer J., Watanabe T. Reducing Reservoir Impacts and Improving Outcomes for Dam-forced Resettlement: Experiences in Central Vietnam [J]. Lakes & Reservoirs, 2014, 19 (19): 225-235.

[54] Shiferaw B. A., Okello J., Reddy R. V. Adoption and Adaptation of Natural Resource Management Innovations in Smallholder Agriculture:

Reflections on Key Lessons and Best Practices [J]. Environment, Development and Sustainability, 2009, 11 (3): 601-619.

[55] Shook N. J., Fazio R. H. Social Network Integration [J]. Group Processes & Intergroup Relations, 2011 (14): 399-406.

[56] Stathopoulou S., Psaltopoulos D., Skuras D. Rural Entrepreneurship in Europe [J]. International Journal of Entrepreneurial Behavior & Research, 2004, 10 (6): 404-425.

[57] Tan Y., Yao F. Three Gorges Project: Effects of Resettlement on the Environment in the Reservoir Area and Countermeasures [J]. Population & Environment, 2006, 27 (4): 351-371.

[58] Vincent K. Uncertainty in Adaptive Capacity and the Importance of Scale [J]. Global Environmental Change, 2007, 17 (1): 12-24.

[59] Williams C. A., Heins R. M. Risk Management and Insurance [J]. South-Western, 1998, 26 (8): 101-101.

[60] Williamson O. E. The New Institutional Economics: Taking Stock, Looking Ahead [J]. Journal of Economic Literature, 2000, 38 (3): 595-613.

[61] Winters P C., Chiodi V. Human Capital Investment and Long-term Poverty Reduction in Rural Mexico [J]. Journal of International Development, 2011, 23 (4): 513-538.

[62] Yusuf A. Critical Success Factors for Small Business: Perceptions of South Pacific Entrepreneurs [J]. Journal of Small Business Management, 1995, 33 (2): 68-73.

[63] Zhang Y., He D., Lu Y., et al. The Influence of Large Dams Building on Resettlement in the Upper Mekong River [J]. Journal of Geographical Sciences, 2013, 23 (5): 947-957.

[64] 陈传波. 中国小农户的风险及风险管理研究 [D]. 武汉: 华中农业大学, 2004.

[65] 陈勇, 谭燕, 茆长宝. 山地自然灾害、风险管理与避灾扶贫移民搬迁 [J]. 灾害学, 2013, (2): 136-142.

[66] 陈绍军, 程军, 史明宇. 水库移民社会风险研究现状及前沿问题 [J]. 河海大学学报(哲学社会科学版), 2014 (2): 26-30.

[67] 辞海编委会. 辞海 [M]. 上海：上海辞书出版社，2015.

[68] 斯密等著. 国富论. 陈星译 [M]. 北京：北京联合出版公司，2013.

[69] 丁高洁，郭红东. 社会资本对农民创业绩效的影响研究 [J]. 华南农业大学学报（社会科学版），2013，12（2）：50-57.

[70] 杜云素，钟涨宝. 水库移民的贫困风险认知及应对策略研究——基于湖北江陵丹江口水库移民的调查 [J]. 中国农村水利水电，2012（5）：118-124.

[71] 唐传利，施国庆. 移民与社会发展国际研讨会论文集 [M]. 南京：河海大学出版社，2002.

[72] 付少平，赵晓峰. 精准扶贫视角下的移民生计空间再塑造研究 [J]. 南京农业大学学报（社会科学版），2015（6）：8-16.

[73] 方杰，张敏强，邱皓政. 中介效应的检验方法和效果测量：回顾与展望 [J]. 心理发展与教育，2012，28（1）：103-111.

[74] 葛剑雄. 中国移民史 [M]. 福州：福建人民出版社，1997.

[75] 甘怡群. 中介效应研究的新趋势——研究设计和数据统计分析 [J]. 心理卫生评估，2014，28（8）：584-585.

[76] 郭红东，丁高洁. 社会资本、先验知识与农民创业机会识别 [J]. 华南农业大学学报（社会科学版），2012，11（3）：78-85.

[77] 郭圣乾，张纪伟. 农户生计资本脆弱性分析 [J]. 经济经纬，2013（3）：26-30.

[78] 黄勇. 三峡库区人居环境建设的社会学问题研究 [M]. 南京：东南大学出版社，2011.

[79] 胡江霞，文传浩. 人力资本、社会网络与移民创业绩效——基于三峡库区的调研数据 [J]. 软科学，2016（3）：36-40.

[80] 黄岩，陈泽华. 信任、规范与网络：农民专业合作社的社会资本测量——以江西S县隆信渔业合作社为例 [J]. 江汉论坛，2011（8）：9-14.

[81] 何得桂. 陕南地区大规模避灾移民搬迁的风险及其规避策略 [J]. 农业现代化研究，2013，34（4）：398-402.

[82] 韩锦绵，王佳奇. 基于贫困脆弱性的中国连片特困区农户风险管理策略研究 [C]. 2015中国保险与风险管理国际年会论文集，2015.

[83] 姜丽美. 资产建设—失地农民可持续发展的突破点 [J]. 理论导刊, 2010 (6): 63-64.

[84] 孔寒凌, 吴杰. 农户生计风险研究: 以江西乐安县为例 [J]. 广西民族大学学报 (哲学社会科学版), 2007, 29 (6): 53-59.

[85] 克雷亚·E., 胡子江, 姜源. 灾害风险管理政策框架及移民安置策略 [J]. 水利水电快报, 2012, 33 (6): 7-8.

[86] 李飞. 水库移民贫困风险规避对策研究 [J]. 中国农村水利水电, 2012 (8): 144-149.

[87] 李丹, 白月竹. 水库移民安置的社会风险识别与评价——以凉山州水库移民为例 [J]. 中国农村水利水电, 2007 (6): 143-147.

[88] 李丹, 许娟, 付静. 民族地区水库移民可持续生计资本及其生计策略关系研究 [J]. 中国地质大学学报 (社会科学版), 2015, 15 (1): 51-57.

[89] 李根强, 谭银清, 陈益芳. 人力资本、社会资本与农民工工资差异 [J]. 华中农业大学学报 (社会科学版), 2016 (2): 90-95.

[90] 李昌荣. 生计资本对农户信用的影响机制研究 [D]. 南昌: 南昌大学, 2015.

[91] 李聪, 柳玮, 冯伟林等. 移民搬迁对农户生计策略的影响——基于陕南安康地区的调查 [J]. 中国农村观察, 2013 (6): 31-44.

[92] 李琳一, 李小云. 浅析发展学视角下的农户生计资产 [J]. 农村经济, 2007 (10): 100-104.

[93] 林青, 覃朕. 三峡库区移民后续安稳致富问题研究——以重庆库区开县县内搬迁移民生产安置效果评价为例 [J]. 安徽农业科学, 2011, 39 (22): 13794-13797.

[94] 罗素娟. 三峡库区后移民时代发展的路径选择和财政政策 [J]. 安徽农业科学, 2011, 39 (18): 11273-11277.

[95] 罗蓉. 中国城市化进程中失地农民可持续生计问题研究 [D]. 成都: 西南财经大学, 2008.

[96] 刘璐琳, 余红剑. 可持续生计视角下的城市少数民族流动贫困人口社会救助研究 [J]. 中央民族大学学报 (哲学社会科学版), 2013 (3): 39-45.

[97] 刘学文. 农业风险管理研究——基于完善农业风险管理体系的

视角［D］．成都：西南财经大学，2014．

［98］厉以宁．非均衡的中国经济［M］．北京：中国大百科全书出版社，2009．

［99］蒙吉军，艾木入拉，刘洋等．农牧户可持续生计资产与生计策略的关系研究［J］．北京大学学报（自然科学版），2013，49（2）：321-328．

［100］马志雄，张银银，丁士军．失地农户生计策略多样化研究［J］．华南农业大学学报（社会科学版），2016，15（3）：54-62．

［101］迈克尔·谢若登．资产与穷人：一项新的美国福利政策［M］．高鉴国译．北京：商务印书馆，2005．

［102］迈克尔·M．赛尼．移民与发展：世界银行移民政策与经验［M］．水库移民经济研究中心译．南京：河海大学出版社，2002．

［103］迈克尔·M．塞尼．移民·重建·发展［M］．水库移民经济研究中心译．南京：河海大学出版社，1998．

［104］欧勇胜，徐家奇．试论水电工程移民风险识别及对策［J］．四川水力发电，2012，31（2）：259-263．

［105］彭峰，周银珍，李燕萍．水库移民生计风险的影响因素研究［J］．统计与决策，2016（6）：60-62．

［106］Dorfman，M. S. 等．当代风险管理与保险教程［M］．齐瑞宗等译．北京：清华大学出版社，2002．

［107］覃志敏．社会网络与移民生计的分化发展［D］．武汉：华中师范大学，2014．

［108］任义科，杜海峰，白萌．生计资本对农民工返乡自雇就业的影响［J］．西安交通大学学报（社会科学版），2011，31（4）：51-57．

［109］苏芳，尚海洋．农户生计资本对其风险应对策略的影响——以黑河流域张掖市为例［J］．中国农村经济，2012（8）：79-87．

［110］苏芳，蒲欣冬，徐中民等．生计资本与生计策略关系研究——以张掖市甘州区为例［J］．中国人口·资源与环境，2009，19（6）：119-125．

［111］苏群，周春芳．农民工人力资本对外出打工收入影响研究——江苏省的实证分析［J］．农村经济，2005（7）：113-118．

［112］施国庆，荀厚平．水利水电工程移民概述［J］．水利水电科技

进展，1995，15（3）：37-42.

[113] 施国庆. 生态移民社会冲突的原因及对策［J］. 宁夏社会科学，2009（6）：75-78.

[114] 施国庆. 灾害移民的特征分类及若干问题［J］. 河海大学学报（哲学社会科学版），2009，11（1）：20-24.

[115] 施国庆，苏青，袁松岭. 小浪底水库移民风险及其规避［J］. 学海，2001（2）：43-47.

[116] 史俊宏. 生态移民生计转型风险管理：一个整合的概念框架与牧区实证检验［J］. 干旱区资源与环境，2015，29（11）：37-42.

[117] 孙海兵. 丹江口水库后靠移民生计资本分析［J］. 三峡论坛：三峡文学·理论版，2014（6）：35-36.

[118] 孙海兵，段跃芳. 后期扶持对水库移民生计影响的研究［J］. 水力发电，2013，39（9）：9-12.

[119] 孙海兵，段跃芳. 生计资本视角下水库移民的稳定发展［J］. 水电能源科学，2014（2）：151-154.

[120] 孙海兵. 农村水库移民可持续生计重建的实证研究［J］. 江苏农业科学，2014，42（2）：417-419.

[121] 邵毅，施国庆，严登才. 水库移民遗留问题处理前后移民生计资本对比分析——以岩滩水电站B县移民安置区为例［J］. 水利经济，2014，32（2）：70-74.

[122] 孙健，周欣，王冬妮. 社会网络对农民创业的影响［J］. 技术经济，2016，35（9）：78-83.

[123] Pritchett, S. T. 等. 风险管理与保险［M］. 孙祁祥等译. 北京：中国社会科学出版社，1998.

[124] Sherraden. 资产与穷人：一项新的美国福利政策［M］. 高鉴国译. 北京：商务印书馆，2005.

[125] 汤青，徐勇，李扬. 黄土高原农户可持续生计评估及未来生计策略——基于陕西延安市和宁夏固原市1076户农户调查［J］. 地理科学进展，2013，32（2）：19-27.

[126] 王丽霞. 风险与处理：农户的自我保护——对一个村庄非正式社会安全网的研究［D］. 北京：中国农业大学，2006.

[127] 王世傅. 三峡库区产业发展与移民后期扶持研究［J］. 重庆大

学学报（社会科学版），2006，12（3）：3-17.

[128] 王沛沛，许佳君. 生计资本对水库移民创业的影响分析 [J]. 中国人口·资源与环境，2013，23（2）：150-156.

[129] 王永平，周丕东，黄海燕等. 生态移民与少数民族传统生产生活方式的转型研究——基于贵州世居少数民族生态移民的调研 [M]. 北京：科学出版社，2014.

[130] 王贵心. 迁移与发展：中国改革开放以来的实证 [M]. 北京：科学出版社，2005.

[131] 王娟，吴海涛，丁士军. 山区农户最优生计策略选择分析——基于滇西南农户的调查 [J]. 农业技术经济，2014（9）：97-107.

[132] 温忠麟，刘红云，侯杰泰. 调节效应和中介效应分析 [M]. 北京：教育科学出版社，2011.

[133] 伍艳. 农户生计资本与生计策略的选择 [J]. 华南农业大学学报（社会科学版），2015，14（2）：57-66.

[134] 许汉石，乐章. 生计资本、生计风险与农户的生计策略 [J]. 农业经济问题，2012（10）：100-105.

[135] 徐鹏，徐明凯，杜漪. 农户可持续生计资产的整合与应用研究——基于西部10县（区）农户可持续生计资产状况的实证分析 [J]. 农村经济，2008（12）：89-93.

[136] 徐怀东. 移民的多样化安置与可持续生计体系构建 [D]. 成都：西南财经大学，2014.

[137] 谢旭轩，张世秋，朱山涛. 退耕还林对农户可持续生计的影响 [J]. 北京大学学报（自然科学版），2010，46（3）：457-464.

[138] 邢成举. 搬迁扶贫与移民生计重塑：陕省证据 [J]. 改革，2016（11）：65-73.

[139] 辛瑞萍，韩自强，李文彬. 三江源生态移民家庭的生计状况研究——基于青海玉树的实地调研 [J]. 甘肃行政学院学报，2016（1）：119-126.

[140] 姚缘. 信息获取、职业流动性与新生代农民工市民化 [D]. 沈阳：沈阳农业大学，2013.

[141] 杨孝良，王崇举. 三峡库区移民创业决策的影响因素研究 [J]. 农村经济，2015（9）：120-124.

[142] 袁斌. 失地农民可持续生计研究 [D]. 大连：大连理工大学, 2008.

[143] 严立冬, 邓远建, 张陈蕊. 三峡库区绿色农业产业发展 SWOT 分析及对策探讨——以湖北省巴东县为例 [J]. 农业经济问题, 2010 (9)：53-57.

[144] 严登才. 水库移民可持续生计研究 [J]. 水利发展研究, 2012, 12 (10)：40-44.

[145] 严登才, 施国庆, 伊庆山. 水库建设对移民可持续生计的影响及重建路径 [J]. 水利发展研究, 2011 (6)：49-53.

[146] 严登才. 搬迁前后水库移民生计资本的实证对比分析 [J]. 现代经济探讨, 2011 (6)：59-63.

[147] 赵雪雁, 赵海莉, 刘春芳. 石羊河下游农户的生计风险及应对策略——以民勤绿洲区为例 [J]. 地理研究, 2015, 34 (5)：922-932.

[148] 张毅, 文传浩, 孙兴华. 移民分类研究 [J]. 延安大学学报（社会科学版）, 2013, 35 (5)：66-70.

[149] 张科静, 黄朝阳, 丁士军. 失地农户生计风险认知及其影响因素分析 [J]. 湖北农业科学, 2016, 55 (7) 1889-1892.

[150] 朱红根. 个体特征、制度环境与返乡创业农民工政治联系：一项实证研究 [J]. 财贸研究, 2013, 24 (1)：16-21.

[151] 周立新, 苟靠敏, 杨于桃. 政策环境、关系网络与微型企业创业成长 [J]. 重庆大学学报（社会科学版）, 2014, 20 (3)：70-76.

[152] 赵锋. 可持续生计分析框架的理论比较与研究述评 [J]. 兰州财经大学学报, 2015, 31 (5)：86-93.

[153] 赵锋. 水库移民可持续生计发展研究——以南水北调中线工程库区为例 [M]. 北京：经济科学出版社, 2015.

[154] 杨云彦, 赵锋. 可持续生计分析框架下农户生计资本的调查与分析——以南水北调（中线）工程库区为例 [J]. 农业经济问题, 2009 (3)：58-65.

[155] 张华山, 周现富. 水库移民可持续生计能力分析——以阿坝州典型水电工程为例 [J]. 水利经济, 2012, 30 (4)：68-71.

[156] 赵雪雁, 李巍, 杨培涛等. 生计资本对甘南高原农牧民生计活动的影响 [J]. 中国人口·资源与环境, 2011, 21 (4)：111-118.

[157] 郑永君. 生计风险约束下的返乡农民工创业实践———基于川北返乡农民工创业案例的比较 [J]. 南京农业大学学报（社会科学版）2016, 16（3）: 53-65.

[158] 张佐, 陈建成. 云南水电开发库区移民产业发展与扶持就业机制研究 [J]. 云南师范大学学报（哲学社会科学版）, 2015, 47（2）: 100-109.

[159] 周大鸣, 余成普. 迁移与立足：经营型移民创业历程的个案研究 [J]. 中南民族大学学报（人文社会科学版）, 2015, 35（4）: 70-75.

附录 三峡库区移民可持续生计状况的调查问卷

尊敬的移民朋友:

目前移民可持续生计问题已经受到中央及各地方政府的关注。移民的可持续生计问题是指移民在搬迁后,仍然可以保持原有的生活水平并在此基础上收入有所增加、生活质量不断提高、社会地位不断提升,真正实现搬迁后的安稳致富。本调查目的在于了解不同因素对移民可持续生计的影响程度,进而找到实现移民可持续生计发展的有效路径。请在您认为符合您个人情况的答案中打钩。本调查采用不记名方式,结果仅为研究所用。

感谢各位的参与和支持!

三峡库区课题组
2016 年 7 月 1 日

(一) 您的基本情况

题号	内容	选项
A1	您的年龄?	(1) 30 岁以下;(2) 31~40 岁;(3) 41~50 岁;(4) 51~60 岁;(5) 60 岁以上
A2	您的性别?	(1) 男;(2) 女
A3	您的文化程度?	(1) 小学及以下;(2) 初中;(3) 高中或中专;(4) 大专;(5) 本科;(6) 硕士及以上
A4	您的婚姻状况?	(1) 未婚;(2) 已婚;(3) 离婚;(4) 丧偶

续表

题号	内容	选项
A5	您搬迁的时间？	（1）1~6年；（2）7~10年；（3）11~15年；（4）16~20年；（5）20年以上
A6	您家的耕地面积有多少亩？	（　）亩
A7	目前家里劳动力有多少？	（　）人
A8	目前您的家庭年收入？	（1）5000元以下；（2）5000~10000元；（3）10000~20000元；（4）20000~30000元；（5）30000~40000元；（6）50000元以上
A9	您家的存款有多少？	（1）1万元以下；（2）1万~2万元；（3）3万~4万元；（4）3万~6万元；（5）7万~8万元；（6）9万元及以上
A10	您获得过政府补助吗？	（1）是（2）否
A11	您家是否享受了低保？	（1）是（2）否
A12	您是否购买了医疗保险？	（1）是（2）否
A13	您是否购买了养老保险？	（1）是（2）否
A14	搬迁后收入的主要来源？	（1）打工；（2）务农；（3）经商；（4）多种收入渠道；（5）其他

（二）移民可持续生计水平调查

题号	内容	完全符合	大部分符合	一半符合	大部分不符合	完全不符合
B1	稳定的经济来源是我的生活保障	5	4	3	2	1
B2	政府能够有效履行自身职责，为我提供社会保障，是维持长远生计的重要方面	5	4	3	2	1
B3	社会和谐是维持长远生计的重要条件	5	4	3	2	1
B4	当地的生态环境是维持长远生计的重要基础	5	4	3	2	1
B5	对于我的长远生计，我自身也需要有持续的发展能力和竞争能力	5	4	3	2	1

(三) 移民可持续生计的影响因素调查

题号	内容	完全符合	大部分符合	一半符合	大部分不符合	完全不符合
C1	您家的耕地质量很好,给家庭增加了很多收入	5	4	3	2	1
C2	您家灌溉设施的使用非常方便,能够满足日常农业生产需要	5	4	3	2	1
C3	您学习了很多技能,您掌握的这些技能有助于提高您的生计水平	5	4	3	2	1
C4	您拥有很多交往频繁的家人和亲戚	5	4	3	2	1
C5	您拥有很多交往频繁的朋友及其他人	5	4	3	2	1
C6	您可以得到很多家人、亲戚朋友及其他人的信任和支持	5	4	3	2	1
C7	您经常获得政府部门的扶持和救助	5	4	3	2	1
C8	您家所拥有的生产工具较多,这些生产工具能够极大改善农业生产状况	5	4	3	2	1
C9	您家所拥有的生活资产较多,这些生活资产能够极大改善您的生计状况	5	4	3	2	1
C10	搬迁后您所在地区的基础设施状况较好,极大地改善您的生产生活状况	5	4	3	2	1
C11	您能够有效识别身边潜在的风险,如养老风险、医疗风险、教育风险等	5	4	3	2	1
C12	您能有效识别潜在生计风险所带来的危害,以及判断风险大小	5	4	3	2	1
C13	您能有效识别潜在生计风险造成的原因	5	4	3	2	1
C14	您能够非常准确地估计潜在风险发生的次数、具体特征	5	4	3	2	1
C15	您能够非常准确地分析测量与这些风险相关的损失	5	4	3	2	1

续表

题号	内容	完全符合	大部分符合	一半符合	大部分不符合	完全不符合
C16	您总是能够合理确定自己能否承受这些损失	5	4	3	2	1
C17	您总是能够找到规避生计风险的有效决策	5	4	3	2	1
C18	您总是能够实施所选择的这些方法,来规避风险	5	4	3	2	1
C19	您总是能够实时监测规避生计风险的结果	5	4	3	2	1
C20	政府为移民提供优惠的税收政策、贷款政策等	5	4	3	2	1
C21	政府积极为移民就业搭建平台,提供很多就业机会	5	4	3	2	1
C22	政府注重对移民的就业培训、技能培训	5	4	3	2	1
C23	政府重视移民的社会保障问题,积极为移民办理养老保险、医疗保险等保险	5	4	3	2	1
C24	政府重视移民小区的供水供电、道路交通、通信等基础设施的建设与完善	5	4	3	2	1
C25	政府注重移民社区建设与公共服务设施的完善	5	4	3	2	1